預立遺囑

人生最重要的使用說明書

專業律師教你遺囑表達、訂立、保管、財產繼承等關鍵問題

777遺囑產生器發明者

劉韋德———著

高寶書版集團

目錄
Concents

目錄
Concents

目錄
Concents

目錄
Concents

前言

　　多年以前，那時我仍在台北市政府及士林區公所為民眾做法律諮詢服務，在民眾諮詢的案件中，我發現很多的案件都跟繼承及遺產爭議有關。

　　印象最深的是有一位老太太來諮詢，她先生數月前過世，生前沒有立遺囑，結果四個小孩為了遺產鬧得不可開交，兩個妹妹聯合起來把母親和哥哥一起告上法院。老太太說女兒雖然分得比較少，但遺產怎麼分，都是她先生過世前親口交代她的，她只是遵照先生的意思辦理，想不到最後竟被告上法院，老太太說到後來已是一把鼻涕一把眼淚，看著一位年近八十的老太太，一生沒去過法院，想不到到了晚年，卻被自己的女兒告上法院，實在情何以堪。

　　這個案例，其實只是社會上無數類似案例的其中之一，雖然每個家庭都有各自的問題要面對，但我覺得遺產糾紛其實是最可以避免的一種，因為只要老先生生前

有立下遺囑，這種親情悲劇就可以不發生。

　　所以從此以後只要有機會，我就會鼓勵民眾要趁早預立遺囑，甚至是免費替人寫遺囑，每幫人完成一份遺囑，我都覺得很可能會減少一件未來的遺產爭議，這種利他的心情，比有形的金錢收入還令人愉快。

　　到了後來，我覺得一件一件替人寫遺囑，不但速度慢，而且很多不認識我的人也無法得到協助，所以後來看到司法院民法繼承篇修正草案中規定以後遺囑可以利用自動化機器製作，就和幾個資訊界的朋友一起開發了遺囑產生器 APP，利用科技工具幫助更多的人預立自己的遺囑，雖然花了不少時間和金錢，但從很多人回饋給我的支持鼓勵，讓我深深覺得這是一件正確的事情。

　　尷尬的是，雖然我常勸人家要趁早預立遺囑，但我父親生前，我從未跟他談過立遺囑的事情，後來他過世時也沒有立下遺囑。父親過世後，家裡也起了一陣不大不小的波瀾，一直過了好幾年後，關係才慢慢修復，走過這一程，我才真正體會到，遺產不一定會為子女帶來幸福，有時反而是更多的感情撕裂。我相信沒有一個父母，會希望自己走後子女為了遺產失和，因此立好自己

的遺囑，與其說是權利，有時更像是一種責任，趁自己身體健康，意識清楚，立下一份遺囑，就是一種愛的表現。

　　過去國人預立遺囑的風氣比較不積極，大多數人過世時，都沒有立下遺囑，所幸近年來，民眾對死亡議題漸漸不再忌諱，也慢慢接受用遺囑來交代自己的身後事。不過，觀念雖然有進步，但因遺囑涉及許多法令知識，委請律師又要花上一筆可觀費用，因此在高寶書版集團編輯部吳小姐的盛邀之下，我開始利用公餘之暇，彙整過去協助民眾預立遺囑的一些經驗和法令，以白話方式與讀者分享。希望讓想要預立遺囑的民眾，都可以參考本書的說明，立下一份有效的遺囑，讓自己的愛傳遞下去，希望所有家庭和樂無爭，社會越來越祥和。

第一章

正向面對，積極準備

死亡是人生的一部分。

——阿甘正傳

生命如花，終將凋落。每個人來到這世上，都是一場獨特的人生旅程，旅程長短及路上風景雖各有不同，但你我最後都要向這個多彩的世界告別，邁向另一個未知旅程。雖然不捨難免，但只要正向面對，積極準備，就算到了告別時刻，我們必能淡然以對，讓一切回歸塵土，宛如秋天落葉之靜美，接受所有結局，沒有遺憾，沒有悲傷。

讓逝去變成happy ending

你是否曾認真想過，假設今天就是你這一生的最後一天，你會有什麼感覺？你心中最掛念的人是誰？你最想要交代的事情是什麼？你想要向誰誠心感謝？又或想向誰真心道歉？在你今天就要結束這一世的旅程時，你心中湧現的會是許多來不及說和來不及做的遺憾，還是早已有所準備而可輕輕揮揮衣袖的豁達？

人皆有一死，死亡可說是世界上最公平的一件事，無論你是達官貴人還是平民百姓，都一定會有生命結束的那一刻。我們都無法選擇是否死亡，我們所能選擇的，

只有面對死亡時的態度，而這個態度是什麼，就會決定你在真正臨終時會感到慌張遺憾，還是從容豁達。

用什麼樣的生命態度，臨終時才不會有遺憾？

對於這個問題，每個人都有自己的答案。但在我長期協助他人預立遺囑的經驗中，體悟到一個真正沒有遺憾的生命終點，並不在於你有多少財富或有多少享受。因為物質的成就或感官的愉悅，最終都會消逝如煙。

真正能讓自己臨終時沒有遺憾，就是用正向的態度及時行動，在生命終點的盡頭，能好好地向親友家人說再見，將你對家人的愛，用具體行動規劃好，把身後事妥適安排，讓自己心願延續實現，讓家人不致紛擾徬徨。不論無常何時到來，你會知道自己已做好準備，雖然難免不捨，但你必能用微笑與自信，戰勝對死亡的恐懼，人生的最終章不再無奈悲傷，而是美好的 happy ending。

為什麼需要寫遺囑？

在我推廣預立遺囑的過程中，第一個常被問到的問題，就是為什麼要寫遺囑？

　　遇到這種問題，我通常會請對方思考一個情境：如果有一天，你突然要出遠門，再也不能回來，那個地方沒有電話，沒有網路，你的家人親友沒有任何方法可以跟你聯繫，那麼你會如何做？

　　每當我請對方思考這個問題的時候，通常對方就知道自己問題的答案了。

　　我們都知道在未來的某一天，我們一定會離開這個世界，再也無法回來，更無法和任何親友家人聯繫。如果要走得安心，走得從容，不讓家人驚慌失措，甚至避免爭吵紛擾，我們唯一能做的，就是在離開前，先把該交代的事情交代清楚，將該安排的事情預先安排。而要做到這一點的唯一方法，就是預立好自己的遺囑。

　　我第二個常被問的問題，就是「我又沒有多少財產，何必立遺囑？」

　　遇到這種問題，我會再請對方思考上面所說的情境。如果你去的地方再也無法和家人親友聯繫，除了財產之外，你會不會有什麼事情想要和家人親友交代清楚？

　　通常我這樣反問以後，對方也就知道答案了。

　　我們一般平民百姓的財產雖不能和豪門巨富相比，

但多少總還是有一些財產，不能因為比較少，就放棄自主規劃安排的權利，而且遺囑可以安排的事情很多，絕非只有交代財產一項而已。所以只有善用遺囑，把自己的身後事妥善規劃安排好，才是對自己對家人最負責任的做法。

何時需要開始寫遺囑？

我也常聽到很多人說，知道遺囑很重要，也一定會立遺囑，但現在身體還很好，立遺囑太早了之類的說法。

對於「現在立遺囑太早」之類的說法，我通常會請對方思考，「你認為要等到何時，才是最適合寫遺囑的時候？」你能確定自己萬一發生意外時，還會有時間立遺囑？

人生的旅程沒有預定的時間表，許多突然發生的意外或疾病，可能就會讓人失去預立遺囑的能力，甚至來不及交代就離開了。所以趁著自己身體健康頭腦清醒時，及早立下自己的遺囑，立好後再定時檢視修改，才是最安心的作法。若立好遺囑後，很久都沒派上用場，反而

應該要很高興。但不論預立幾次遺囑，最後總有一次會派上用場，當無常來臨的那天，你會知道自己已做好準備，可以和這個世界好好告別，沒有遺憾。

◆ 年輕人需要寫遺囑嗎？

年輕人從死亡率上來看，的確是較年長者為低，但並不代表年輕人不需要寫遺囑。我看過很多年輕人，雖然他們年紀不大，但卻已經寫好自己的遺囑，這是一件很值得鼓勵的事。或許他們沒有很多財產，但卻代表他們是用一種踏實負責的態度在認真生活。

曾經有一位 30 多歲的年輕人寫了一封電郵給我，她在媒體上看到我發明遺囑 APP 的報導，下載後寫好自己的遺囑。她說自己雖然不算老，但對未來的生活有很多不確定感，唯一可以做的就是活在當下，雖然自己的錢不多，但已經在遺囑中做好許多交代，除了一部分留給家人，其他的都要捐給弱勢偏鄉。她還在遺囑中交代要器官捐贈，也將自己的喪葬方式都已做好安排。

她說自己在沒有立遺囑以前，對人生有很多執迷傍

徨，但在立遺囑的過程中，等於將自己的人生重新審視梳理一番，很多過去沒有想過的事情，慢慢有了新的想法，過去無法決定的事情，也在遺囑中找到答案。人生不過是一場旅行，而她猶如一條汪洋中的小船，雖然渺小，但卻充滿自信與希望。

讀完她寫遺囑的心路歷程，我體悟到，即使是年經人，也應該及早寫下自己的遺囑，甚至可以說年輕人比老年人更需要寫遺囑，因為一份遺囑，寫的其實就是自己的人生。在遺囑寫作思考的過程，不但會讓年輕人成長，也可以幫助年輕人找到往後人生的指引方向，對於面對未來的各種挑戰，都會是一種莫大幫助。

寫遺囑會很難嗎？

我常聽到有人說遺囑很重要，但是寫遺囑好像很難之類的話。

對於這類說法，我常告訴民眾，其實預立遺囑並沒有很難。但就算是一件不難的事情，如果你平常都沒有了解或是練習，突然要你立刻去做，應該每個人都會覺

得不容易。

　　因此我常建議民眾立遺囑，不一定一開始就要立一份法律上很正式的遺囑，平時就可以練習寫自己的遺囑，也可以利用遺囑 APP 幫助自己練習寫。從練習寫的過程中，可以慢慢累積相關法令常識，也慢慢知道自己未來要立正式遺囑時要寫那些內容，等到想要立一份正式有效的遺囑時，就是一件輕鬆愉快的事情。

◆ 寫遺囑的心境變化

　　在我多年為民眾預擬遺囑的經驗中，我發現寫遺囑的過程，猶如是每個人對自己人生的總整理。剛開始寫遺囑時，常因為受到人世間的各種糾葛羈絆，甚至自己對人世的留戀，所以一開始常常會猶豫不決，遲遲無法決定，總擔心遺產分配的結果無法達成自己的心願，甚至讓事情更加混亂。

　　這時候，我會開始扮演心理諮商師的角色，慢慢引導他們沉澱下來，用心去釐清紛擾的思緒，用斷捨離的心情做一次人生的收納安排。不論最後的決定為何，冥

冥中都是最好的安排，分別心與罣礙心都要慢慢放下，
這就是智慧昇華，也是人生最終的一個課題。

　　近年來，我也觀察到有越來越多人寫遺囑的重點，
不再只是在交代遺產而已，他們更是將遺囑視為自己人
生的一本回憶錄，在寫遺囑的過程中，為自己的人生重
新定位。有人寫下自己辛苦的一生，有人寫下自己光榮
的過去，有人在遺囑中寫下對子女的諄諄叮嚀，也有人
在遺囑中對某位過往的親人真心道歉，都讓人非常感動。
雖然內容各自不同，但在寫遺囑的過程中，都為自己的
人生做了一次心靈上的洗滌，寫完之後，如獲新生。

預立遺囑風氣日益提升

　　由於國人普遍對於死亡話題比較忌諱，尤其是老人
家更是如此，因此預立遺囑風氣並不盛。但近幾年來，
由於觀念的慢慢改變，許多國人對於死亡已經不再忌諱，
對預立遺囑的觀念也越來越能接受。根據司法院的統計
資料，國人預立遺囑的件數有日益增加的趨勢，以民國
97 年與 107 年民眾在法院公證處和民間公證人辦理的遺

囑公認證件數比較，不論是公證遺囑或自書遺囑和代筆遺囑的認證，都有程度不一的成長。到了 110 年，除了法院的公證件數有下降，其餘件數皆創新高，顯見民眾對預立遺囑的接受度上已經越來越高，這實在是一種好現象。

類別	法院公證處		民間公證人	
	公證	認證	公證	認證
97 年度件數	88	1089	1192	834
107 年度件數	171	2060	2781	2564
109 年度件數	201	2038	3108	2827
110 年度件數	158	2069	3237	2920

資料來源：司法院

第二章

遺囑功能比你想像的更多

生如夏花之絢爛，死如秋葉之靜美。

——泰戈爾

　　很多人都以為遺囑就只是在交代遺產的安排，但這樣的想法其實並不完全正確。安排遺產固然重要，但其只是遺囑眾多的功能之一，很多事情利用遺囑作安排指示，反而會比較好處理，甚至有些事情更只能利用遺囑才能達成目的，所以遺囑的功能遠比一般人所想的更多。

　　本書依實務上幾種常見的遺囑的功能，依其性質分成三大類說明。

財產功能

　　遺囑對於身後財產的安排，可發揮強大的指示功能，遺囑人只要於不違反關於特留分規定的範圍，都可以用遺囑自由處分遺產[1]。也就是說，遺囑人只要注意不要侵害到繼承人的特留分，其他部分的財產，都可以依據自己的意願進行任何財產上的指示分配，例如在各繼承人之間做分配比例的調整，或是將遺產做公益慈善捐贈也可以。這也就是所謂的「遺囑自由原則」。

　　遺囑的財產功能有下列幾種，包括遺產分配、遺囑

---

1 民法第 1187 條。

信託、遺贈、捐助行為、禁止分割 [2]、勞工退休金遺產之請領 [3] 等幾種，這幾種功能之間還可以交叉運用，以達到最理想的分配效果，實現遺囑人想要完成的目標。至於這幾種功能的意義與運用案例，在第五章中會有詳細的介紹。

身分功能

身分功能是指利用遺囑來達成具有法律上身分效果的行為，有時某些事情不方便在生前處理，也可以利用遺囑來實現。

遺囑常見的身分上功能，包含了遺囑認領非婚生子女、指定監護人 [4]、指定遺囑執行人或指定之委託 [5]、保險受益人身分之指定 [6]、剝奪繼承權之表示 [7] 等等。至於這幾種功能的意義與運用案例，在第五章中會有詳細的介紹。

---

2 民法第 1165 條 2 項。
3 勞工退休金條例第 27 條 2 項。
4 民法第 1093 條。
5 民法第 1165 條。
6 保險法第 111 條。
7 民法第 1145 條。

綜合功能

　　綜合功能是指利用遺囑來達成財產上或身分上等以外事項的安排指示。實務上有很多人在立遺囑時，對於其他事項的安排重視程度，並不亞於對遺產或是身分上的交代安排，因為這類的內容往往跟自己更有相關。

　　遺囑常見的綜合功能，主要有一生的回顧、對子女家人的叮嚀交代、自己喪葬儀式的安排[8]、遺體捐贈[9]、器官捐贈[10]等幾種。至於這些內容的重點以及寫作方式，在第五章也會做詳細介紹。

---

8 殯葬管理條例第 61 條。
9 解剖屍體條例第 3 條、人體研究法第 13 條。
10 人體器官移植條例第 6 條。

第三章

立遺囑需要的法律知識

人生天地之間，如白駒過隙，忽然而已。

——莊子

要立一個合法有效的遺囑，一定會涉及相關的法律規定，因此有必要在立遺囑之前對相關法律規定有基礎認識。本章就為讀者做相關介紹。

遺囑能力

遺囑能力是指可以單獨為有效遺囑的能力。由於遺囑是在遺囑人過世後才發生效力，而且遺囑對遺產的分配至關重要，因此法律上規定要立有效的遺囑，首先就必須具有遺囑能力才可以。

◆ 無行為能力的人不可以立遺囑

依我國民法規定，自然人滿18歲為成年（原為20歲，112年起改為18歲），成年之後就具有行為能力，可以單獨為完全的法律行為，因此當然有遺囑能力。但若已成年但無行為能力的人，例如因精神障礙或其他心智缺陷，導致不能正常的表達自己的意思或是理解別人的表達內容，這時法院得因其本人、配偶、四親等內之親

屬及相關人之聲請裁定監護宣告。經法院裁定後，被宣告人就會喪失行為能力，當然也就沒有遺囑能力，就算本人的精神已回復正常，一樣也不能為有效的遺囑，因此若曾經被法院裁定宣告監護的人，一定要先向法院聲請撤銷監護宣告以後，才有遺囑能力。

有些人雖已成年，且未曾受過法院的監護宣告，但也可能會被認為沒有遺囑能力，例如有嚴重的精神分裂或失智症的病史，且經常無法以正常的意思表示或無法理解別人的意思。在這種狀況下，很可能也會被認為無遺囑能力，其所為之遺囑也會被認為無效[11]。

有沒有遺囑能力，是依立遺囑當時的狀態為準，所以原本有遺囑能力的人，縱使在做成遺囑之後因疾病或意外等原因而變成無遺囑能力（例如失智或植物人），但其原本所立的遺囑並不會因此失效。所以遺囑宜在身體健康時盡早預立準備，若等到身體已經出問題的狀況下才立遺囑，常會衍生遺囑能力相關爭議。

---

11 民法第 75 條。

未成年人可否立遺囑呢？

　　我國民法為顧及未成年人在某些狀況下，可能也有預立遺囑的必要，例如得癌症或因意外即將臨終，因此法律上特別規定已滿 16 歲的人就有遺囑能力，無須再經其法定代理人之允許，就可以預立自己的遺囑 [12]。至於 16 歲以下之人，可能在思慮上較為不周全，易受他人誘導，甚至引起謀殺等道德危險，所以 16 歲以下不能預立遺囑，其過世之後的遺產，只能依法定應繼分方式繼承。

誰是繼承人？

　　在立遺囑的時候，一定要注意自己的繼承人到底有哪些人，因為雖然在多數狀況下，繼承人是很容易確認的，但有時若沒有子女，或是有前後婚且都有子女的狀況，繼承人就會比較複雜。所以立遺囑前最好要將自己的繼承人確認清楚，若人數比較多時，最好列個清單，以免掛一漏萬。

---

12 民法第 1186 條 2 項。

　　在我國民法上，繼承人可以分成兩種，一個是配偶
繼承人，一個是血親繼承人，這兩種繼承人都是合法繼
承人，可以一起繼承遺產。而這兩種性質的繼承人依法
律規定可以分到的遺產比率，就是法定應繼分。

◆ 配偶繼承人

　　民法第 1144 條規定「配偶有相互繼承遺產之權」，
因此只要在被繼承人過世時與他（她）有合法婚姻關係
的人，不論以前是否有結過婚，本次婚姻存續多久，也
不論配偶的國籍種族，法律上都有合法的繼承權，且即
便配偶在被繼承人過世之後又再婚，也不會影響到原來
已經取得的繼承人資格。

　　配偶通常與被繼承人關係緊密，所以配偶是屬於當
然繼承，可以和任何順位的血親繼承人一起繼承遺產。
例如在沒有子女的狀況下，配偶就會和死亡配偶的父母、
兄弟姊妹、祖父母其中一種的血親繼承人共同繼承遺產。

◆ 血親繼承人

　　血親繼承人就是和被繼承人有一定血親關係的人。
血親繼承人通常不只有一位，也不只有一種，所以會有
順位之分，若是有前面的血親存在，後面的血親就無法
繼承。

　　依民法第 1138 條規定，有四種身分的血親可以合法
繼承遺產，分別是直系血親卑親屬、父母、兄弟姊妹、
祖父母這四種血親繼承人。

血親繼承人順位表

第一順位	直系血親卑親屬	包含子女及養子女，卑親屬中又以親等近者優先繼承，例如有子輩子女，則孫輩子女就不能繼承
第二順位	父母	父母再婚仍有繼承權
第三順位	兄弟姊妹	包括半血緣的兄弟姊妹，例如同父異母或同母異父的兄弟姊妹，但不包含堂兄弟姊妹
第四順位	祖父母	包含祖父母以及外祖父母

　　若是都沒有以上之血親繼承人時，此時只能依民法

第五篇第二章第五節關於無人承認之繼承規定辦理，由親屬會議於一個月內選定遺產管理人，並將繼承開始及選定遺產管理人之事由，向法院報明[13]。

在遺產管理人選定前，法院得因利害關係人或檢察官的聲請，為保存遺產之必要處置[14]，若最後遺產經過清償債權並交付遺贈物後仍有剩餘，則均歸國庫[15]。

◆ 代位繼承

由於生死無常，所以子女比父母先過世的狀況並不罕見，而過世的子女因為已經死亡，所以已無法再繼承父母的遺產，但他們可能也已經有了下一代。因此為了公平起見，當子女比父母早死亡時，那麼這位子女的子女，就可以代替父母繼承祖父母或是外祖父母的遺產，這種制度稱為代位繼承。

所以若立遺囑人的子女中有人已經過世，且這位子女也已經有子女，那麼遺囑中就必須將這個孫子女列入

---

13 民法第 1177 條。
14 民法第 1178-1 條。
15 民法第 1185 條。

繼承人，並且分配一定的遺產給他們，否則就會有侵害
特留分的問題。

　　還有一種情況是子女雖然沒有過世，但是卻因為某
些因素而喪失繼承權。最常見的狀況就是子女對於被繼
承人有重大之虐待或侮辱情事，經被繼承人表示其不得
繼承者，例如子女長期對父母冷暴力不聞不問，甚至在
父母重病時不去探望，又或者是在爭吵時口出惡言詛咒
父母快去死等，一但有這種狀況且經過被繼承人表示不
給這位子女繼承時，那麼這位繼承人的繼承權就會喪失，
而他（她）的繼承權就會由他（她）的子女代位繼承，
因此在遺囑中也要將他們列入，在實務上常有遺囑人在
遺囑中載明將某位子女的繼承權剝奪之後，卻沒有再將
遺產分配給該位子女的小孩，這樣就會侵害到代位繼承
人的特留分。

應繼分

　　應繼分是指每位繼承人可以繼承多少遺產的比率，
應繼分越多，將來可以分到的遺產就越多。

　　應繼分有兩種，一種是法定應繼分，一種是指定應繼分。

◆ 法定應繼分

　　由於社會上大多數的人都沒有預立遺囑，而繼承人可能有好幾個，為了確認各繼承人間到底誰可以繼承多少遺產，就必須由法律預先擬定一個適當的分配比率，這樣各繼承人才可以有所依循。所以每位繼承人依據法律規定可以分到遺產的比率，就是法定應繼分，目前社會上多數的繼承都是用法定應繼分辦理。

　　法定應繼分又可分成配偶的法定應繼分和血親繼承人的法定應繼分。配偶的法定應繼分是指配偶在和血親繼承人共同繼承時，配偶可以分到遺產的比率。依據民法第 1144 條的規定，配偶和各順位血親繼承人共同繼承時的應繼分會不一樣，從最少的平均分配到最多的獨得三分之二都有。

　　至於血親繼承人的法定應繼分就比較簡單，在有配偶的狀況下，全部遺產扣除配偶的應繼分後，其餘就是

血親繼承人的應繼分。而同一順位血親繼承人若有兩位
以上，其各人應繼分就只要按人數平均即可，若只有一
人的話，就由該人獨得血親應繼分的全部遺產。

配偶、血親繼承人應繼分示意表

繼承人應繼分的計算方式		
繼承人組合	配偶	其餘繼承人
配偶＋直系血親卑親屬	全部繼承人依人數均分	
配偶＋父母	$\frac{1}{2}$	父母均分 $\frac{1}{2}$
配偶＋兄弟姊妹	$\frac{1}{2}$	兄弟姊妹均分 $\frac{1}{2}$
配偶＋祖父母	$\frac{2}{3}$	祖父母均分 $\frac{1}{3}$

◆ 指定應繼分

　　指定應繼分是指由被繼承人以自己的意思，指定各
繼承人將來可以繼承遺產的比率。雖然指定應繼分在法
律上並未明文規定，但是基於遺囑自由原則，法院實務
上和學說上都承認其效力。

　　指定應繼分一定要用遺囑方式才有效，不可以只用口頭或其他方式指定，而應繼分一經指定後，其效力會優先於法定應繼分，也就是說會改變各繼承人原本依法律規定分配下可繼承的財產多寡。因此若被繼承人對遺產分配有自己的想法時，通常都會利用指定應繼分來做遺產規劃。

◆ 最低的公平：特留分

　　特留分，就是指每個繼承人最少可以繼承一定遺產的比率。依據民法第 1187 條「遺囑人於不違反關於特留分規定的範圍內，得以遺囑自由處分遺產」，因此遺囑人一定要分配給繼承人一定比率的遺產，不可以低於這個比率甚至是完全不給，而這個比率就稱為特留分；至於在特留分外，遺囑人就可以任意自由分配遺產，法律不會予以干涉，這部分就稱為自由分。

　　很多民眾在立遺囑時，常常不懂為何自己在生前可以完全憑自己的意願處分財產，但為何對身後財產的規劃，卻不能完全按自己的意志去分配？

　　其實這個問題並不容易解釋清楚，但法律規定特留

分的原因大致上是基於人情道義及近親扶養等目的，並讓繼承保持一個最低程度的公平性。現今多數國家其實都有類似規定，並非台灣特有，雖然有時看起來並不合理。例如無子女之夫妻，當另一方過世且未預立遺囑時，就只能和對方的父母或兄弟姊妹平分遺產，這常讓許多人無法接受。但不論是否能夠接受，特留分制度仍是目前有效法令，因此在立遺囑時一定要注意，否則很容易發生侵害特留分的爭議，甚至引起訴訟。

　　侵害特留分的遺囑很常見，因為很多人在立遺囑時都沒有注意，但也有可能是明知卻無視。我在很多人的遺囑中就經常遇見這種狀況，最有名的例子就是長榮集團創辦人張榮發先生的遺囑。以張榮發先生的智識能力及身邊有法律顧問群，加上他的遺囑還有見證人和公證人的介入，因此他不太可能不知道特留分的規定，可是他的遺囑中卻交代要將所有遺產都留給小兒子，這種分配決定由於極度不公平，當然引起其他繼承人的不滿，也很明顯侵害到其他繼承人的特留分，因此就引發後續的相關紛爭訴訟。

　　違反特留分之遺囑並非無效。若是被侵害的繼承人

沒有主張，那麼遺囑仍然有效，但若被侵害特留分的繼承人不願意接受，就可以要求將被侵害的金額扣減返還。經扣減權利人行使扣減權後，那麼遺囑中對於侵害特留分部分的指示安排，就會失其效力。

依據民法第 1123 條規定，各種繼承人的特留分有二分之一和三分之一兩種：

繼承人特留分的計算方式	
配偶	個人應繼分 $\frac{1}{2}$
直系血親卑親屬	個人應繼分 $\frac{1}{2}$
父母	個人應繼分 $\frac{1}{2}$
兄弟姊妹	個人應繼分 $\frac{1}{3}$
祖父母	個人應繼分 $\frac{1}{3}$

要具體計算每位繼承人的特留分金額，會稍微有點複雜，首先必須先算出特留分基本額，其計算公式如下：

積極遺產＋生前特種贈與額－負債＝特留分基本額

> **── 額外補充 ──**
>
> 　　生前特種贈與額：繼承人中有在繼承開始前因結婚、分居或營業，已從被繼承人受有財產之贈與者，應將該贈與價額加入繼承開始時被繼承人所有之財產中，為應繼遺產。但被繼承人於贈與時有反對之意思表示者，不在此限。（民法第1173條1項）

　　算出特留分基本額後，再根據繼承人的身分，確認其應繼分及特留分的比率，即可算出各繼承人的特留分額，其計算公式如下：

特留分基本額 × 應繼分比率 × 特留分比率
＝各繼承人的特留分額

案例

　　王先生過世時，有三個子女，他留有不動產、現金、有價證券等各類積極遺產合計 3000 萬元，負債則有銀行貸款 600 萬元，其特留分基本額和三個子女的特留分額計算式如下：

3000 萬（積極遺產）－ 600 萬（負債）

＝ 2400 萬（特留分基本額）

2400 萬 × $\frac{1}{3}$（3 位子女）× $\frac{1}{2}$（子女之特留分比率）

＝ 400 萬（每人特留分額）

　　根據以上計算，假設王先生在遺囑中具體分配遺產給三個子女時，若低於 400 萬，就會侵害到該位繼承人的特留分，例如遺囑中完全未分財產給小兒子，就是侵害到小兒子 400 萬元的特留分，若是只分配 100 萬，就是侵害了 300 萬元，被侵害特留分的人，將來就可以行使扣減權（民法第 1225 條）。

最後心願：遺贈

　　遺贈就是用遺囑方式贈與他人財產的行為。遺贈的動機可能是為了要報答感謝、照顧特定對象、行善做公益，也有人是為了節稅而遺贈，所以遺贈在遺囑上算是很常見。而遺贈的對象也很廣，只要有權利能力的對象都可以接受遺贈，例如可以捐贈給政府、公法人、私法人、慈善機關、自然人，甚至是尚未出世的胎兒都可以接受遺贈。

　　遺贈屬於單獨行為，所以不需等對方同意就可以贈與，等遺囑人過世後，受贈人就可以取得受贈與的權利。但要注意，遺贈一定要用合法遺囑方式才可以，若遺囑本身因故無效，遺贈也會無效。

　　遺贈的方式可以分成「包括遺贈」與「特定遺贈」兩種。包括遺贈是指用抽象的比例方式遺贈，例如「將本人遺產五分之一贈與陳小美女士」。而特定遺贈則是指定用特定的財產為贈與，例如「贈與陳小美女士新台幣一百萬元」或「將本人名下坐落台北市○○路○段○巷○號○樓之不動產贈與陳小美女士」，但無論是哪一

種遺贈方式，都要記得將贈與對象寫清楚，否則會導致
爭議，例如只寫「將本人遺產五分之一贈與陳太太」，
則因為陳太太身分無法確認，就容易導致遺贈無效。

　　遺贈的內容也不限於贈與所有權，也可以只贈與使
用權或收益權，而保留所有權給繼承人。例如在遺囑中
載明「贈與本人名下坐落新北市○○路○段○巷○號○
樓之房屋使用權給○○○基金會，期限至民國一百三十
五年十二月三十一日止，期限屆至後，將產權移轉登記
給全體繼承人」，這樣該基金會就可以自遺贈生效後，
要求繼承人或遺囑執行人移轉房屋之使用權，直到期限
屆滿後再移轉返還給繼承人。

　　使用權或收益權的遺贈，最好要附期限或是附條件，
這樣可以避免日後繼承人和受遺贈人間的爭議。若遺囑
內並未載明返還期限，而且並不能依遺贈之性質定其期
限者，依民法規定係以受遺贈人之終身為其期限，若是
法人，解釋上應就是直到法人解散為止。

　　遺贈還有很多種的方式，可以強化提升達成遺囑人
的心願，常見的有「附期限遺贈」、「附條件遺贈」、「附
負擔遺贈」等幾種：

◆ 附期限遺贈

　　附期限遺贈是指讓遺贈不立刻生效或是不永久有效的設計，所以若是有這種規劃需求的人，就可以採用這種方式做遺贈。

　　附期限的遺贈，可分成「附始期」與「附終期」兩種。附始期的意思是指讓遺贈先暫時不發生效力，直到某時間點才開始發生效力，例如在遺囑中載明「自陳小明滿三十歲時，贈與他現金一百萬元」，這樣等陳小明到了三十歲時，才能取得受贈一百萬元的權利。而附終期則和附始期剛好相反，附終期的意思是指讓遺贈先發生效力，但直至某時間點後就失去效力，例如在遺囑中載明「贈與本人名下坐落台北市○○路○段○巷○號○樓房屋之收益權給陳小明，期限至他過世為止」，這樣陳小明從遺贈生效後就可以對該房屋行使收租權利，一直到他過世為止。

◆ 附條件遺贈

　　附條件遺贈是一種讓遺贈不會無條件生效，或是不會無條件都永久有效的設計，所以若是有這種規劃或需求的人，就可以採用這種方式做遺贈。

　　附期限的遺贈也可以分成兩種，一種是「附停止條件」，另一種是「附解除條件」。如果是要讓遺贈暫時不發生效力，而且要等到某種狀態事實成就時才發生效力，就是附停止條件，例如在遺囑中記載「本人子女或直系血親孫子女，將來若有自行創業者，即給予新台幣一百萬做為創業金」，就是以創業作為條件的遺贈。相反的，如果是要讓已經發生效力的遺贈失去效力，就是「附解除條件」，例如在遺囑中記載「贈與本人女婿林大明一百張台積電股票的股票股利收益權，但若有朝一日林大明和本人女兒王小美離婚，林大明即不得再享有該收益權利」，就是用離婚當成遺贈失效的條件。

　　期限和條件最大不同點，在於條件是否會成就發生，客觀上並不能確定，例如女兒和女婿是否會離婚，事前並無法確定；但期限則是不論時間長短，最後一定會到

來，例如以民國○○年○月○日作為生效始期，或以某人死亡作為失效的期限，都是屬於附期限的行為，因為日期一定會來，人也一定會死。

◆ 附負擔遺贈

　　附負擔遺贈是指讓受贈的對方在享受贈與的利益下，也必須負擔一定義務的一種方式，如果有這種規劃或需求的人，就可以採用這種方式做遺贈。

　　遺贈附加的負擔，必須是合法可以實現的，若受贈人決定要接受贈與，就必須負擔遺囑中所交代的義務，否則就不能夠享有該財產利益。實務上常見的有要求對方為自己辦理後事、每年固定祭拜、照顧未亡父親或母親生活起居醫療等等。若將來對方未盡到這些義務時，繼承人就可以請求履行或是要求撤銷遺贈。

　　須注意的是，遺贈所附的義務，不能大於因遺贈所受之利益，否則受遺贈人就無須負履行之責，例如遺贈新台幣 3 萬元，卻要求對方必須為自己辦理價值 30 萬元之葬禮，如此即顯然不具對等性，對方也不會接受。因

此若有規劃此類的遺囑內容時，最好評估一下遺贈利益與負擔之間是否具有對等關係，以免心願落空。

◆ 遺贈其他注意事項

遺贈生效時，表示遺囑人已經不在世上，所以到底遺贈是否有被執行，往往就只能看全體繼承人意願，有時連受贈人自己也不知道遺囑有贈與，所以繼承人往往就沒有履行遺贈。因此有遺贈的遺囑，最好是另外指定遺囑執行人代為執行，這樣遺贈的心願比較容易獲得確保。

另外要注意的是，遺贈的比率也不可以太多，否則遺贈也會有侵害特留分的問題。實務上常有人要求在遺囑中記載「將全部遺產捐給某某慈善機關」，這種心願雖然很好，但已經侵害到繼承人的特留分。若是繼承人尊重遺囑人的心願不爭執的話，固然沒問題，但若繼承人出面主張特留分時，就會產生扣減等相關爭議。

兩種遺產分配方式比較

種類	繼承	遺贈
對象	限「法定繼承人」	各種受遺贈人：法定繼承人 第三人（自然人、法人）
功能性	低～中	中～高
成本	低	低～中
特留分限制	有	有
生效時間	被繼承人過世時	遺贈人過世時

遺囑信託

　　所謂信託，就是委託人將財產權移轉給受託人，由受託人依信託本旨，為受益人之利益或為特定目的，對信託財產進行管理或處分的一種行為，而遺囑信託，就是利用遺囑所創設的信託。依據信託法第 2 條「信託，除法律另有規定外，應以契約或遺囑為之」，所以遺囑信託是一種法律上正式承認的制度。

　　遺囑信託最大的優點，就是可以透過一個「機制」，將部分遺產存入信託專戶或轉為信託財產，然後依據遺囑的指示方式，由受託人管理信託財產，財產管理方式完全任憑遺囑人的意思。通常遺囑人還會設定某些條件或是期限，然後受託人就會根據遺囑人的指示進行管理。

　　由於信託的功能很多，可以保全財產，避免子孫揮霍浪費，也可以成立公益信託及特定目的信託，以實現公益或特殊目的，功能性很強。自民國 85 年公布信託法後至今，目前各主要金融機構大都有信託部辦理遺囑信託業務，若是有特殊規劃，也可以找專業律師設計自己專屬的遺囑信託內容，因此遺囑信託已慢慢成為一種新的遺產規劃工具。

　　遺囑信託和前述的遺贈有異曲同工之妙，不同的是遺贈不需要受託人，但遺囑信託一定要指定至少一位的受託人才可以。另外遺贈主要是依據民法規定及遺囑內容，而遺囑信託卻還要另外遵守信託法的相關規定，所以受到的限制會比較多，但受保障程度也比較高。因此若是信託財產較高或遺囑內容需要長期性的反覆實施（例如每年固定捐贈某某慈善機構 100 萬元），那麼遺囑信

託相對上較值得採行，不過管理費用可能也會較高。

遺囑信託架構

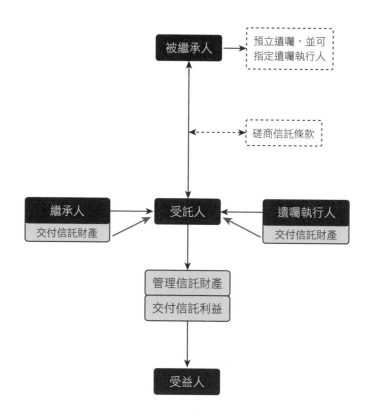

實務上，遺囑信託的受託人常會指定一個遺囑執行人，等到遺囑人過世之後，再由遺囑執行人按照遺囑指

示，將信託財產交付給受託人。受託人可以是金融機構、律師、會計師或是自己信賴之人都可以，但不論要指定何人，最好在指定之前能事先溝通，並對執行細節及費用做好確認溝通，否則萬一對方到時不願意擔任受託人時，遺囑信託就無法被執行。

最後要注意的是，即便要在遺囑中設定信託，也不可以將遺產全部信託出去，否則會影響到繼承人的特留分。所以要成立遺囑信託前，最好先和專業受託人或律師討論計算繼承人之特留分金額，以免屆時衍生爭議。

遺囑見證人

遺囑見證人就是見證遺囑做成的人。由於遺囑生效時，表示遺囑人已經不在世上，因此若遺囑發生疑義或相關爭議時，已無法再向遺囑人求證，而只能向見證人求證，因此遺囑見證人非常重要。

我國民法規定，除了「自書遺囑」之外，其他遺囑方式都必須要有遺囑見證人參與遺囑做成的過程。因此遺囑見證人不但是在遺囑有爭議時可予以證明，更已經

成為遺囑有效的要件之一，若缺少遺囑見證人，將會導致遺囑無效（自書遺囑例外）。

由於遺囑見證人至為重要，所以並不是任何人都可以擔任遺囑見證人，未成年人或是和該遺囑事件有利害關係之人，都不可以擔任遺囑見證人，以免見證能力不足或是立場可能不夠公正客觀而影響遺囑的正確性及可信度。依據民法第 1198 條規定，以下五種人不可以擔任遺囑見證人：

1. 未成年人。
2. 受監護或輔助宣告之人。
3. 繼承人及其配偶或其直系血親。
4. 受遺贈人及其配偶或其直系血親。
5. 為公證人或代行公證職務人之同居人助理人或受僱人。

實務上曾有人因不懂這個規定，在立遺囑時找自己子女或是媳婦女婿等人來當遺囑見證人，結果都因為不符見證資格而導致遺囑無效。因此必須找其他親友見證，

又或是可以請專業律師擔任見證人，雖然會有一些費用產生，但因為律師在職務上會有保密義務，不會洩露遺囑內容且對於法律較為熟悉，可以協助確認遺囑是否符合法律規定，對遺囑效力性會較有保障。

遺囑執行人

　　由於遺囑生效後，遺囑人已不在世上，因此遺囑內容是否可以被貫徹執行，遺囑人已經無法干預，所以實務上經常有人雖然有立下遺囑，但是後來經繼承人討論後，決定不按遺囑內容執行，導致遺囑等於白立。所以若遺囑時有指定遺囑執行人，將可以確保遺囑人的意志可以被貫徹。

　　那麼要如何指定遺囑執行人呢？

　　依據民法第 1209 條的規定，遺囑執行人產生方式有二種，一種是自己在遺囑中直接指定，這種方式也是最常見的，另外一種是在遺囑中委託他人代為指定。但無論是哪一種方式，都必須用遺囑指定才可以，若是用口頭指定或寫書面的委託書，都沒有法律效力。

有時候，遺囑並未指定遺囑執行人，也沒有委託他人指定，但是繼承人等親屬認為有遺囑執行人之必要時，也可以由親屬會議選定。若是不能由親屬會議選定，還可以由利害關係人聲請法院指定 [16]。

遺囑執行人沒有身分上的限制，所以繼承人或受遺贈人都可以擔任遺囑執行人。實務上指定自己其中一位繼承人擔任遺囑執行人的情況很多，但要特別注意，未成年人、受監護或輔助宣告之人，依法都不可以擔任遺囑執行人 [17]。

執行人主要工作，就是在繼承開始後編制財產清冊並交付繼承人，並開始執行遺囑相關指示內容，甚至還要負責繳納遺產稅 [18]，所以他的責任也很大。

相對的，因為遺囑執行人為了要貫徹遺囑內容，所以法律上也賦予遺囑執行人很大的權限，依法可以管理遺產，並執行職務上必要行為的權限，且遺囑執行人於執行職務所做的行為，都視為是繼承人的代理人，法律效果也都歸屬於繼承人。而繼承人於遺囑執行人執行職

---

16 民法第 1211 條。
17 民法第 1210 條。
18 遺贈稅法第 6 條 1 項。

務中，也不可以處分與遺囑有關之遺產，更不可以妨礙

執行人執行職務 [19]。

---

[19] 民法第 1215-1216 條。

第四章

開始寫遺囑前的準備

一個偉大的靈魂，會強化思想和生命。

——愛默生

　　遺囑是很重要的文件，但有時遺囑要交代的事項很多，難免一時思慮不周，導致遺囑交待不完整。例如有些遺囑只對其中一部分的財產有交代，其他的則沒有寫，有些則是只對其中一部份的繼承人有分配遺產，其他繼承人卻沒有交代。這種「有些有、有些沒有」的情況，反而會讓繼承更增添爭議。

　　為了避免這些狀況，所以在撰寫遺囑前，建議最好能做事先的確認規劃工作，本書列出以下幾個重點，供讀者在立遺囑前可以先做確認。

撰寫前的事先準備

◆ 確認繼承人的應繼分與特留分

　　繼承人有分成配偶繼承人和血親繼承人，所以有時會有繼承人比較多或比較複雜的狀況，若加上有代位繼承，就可能會出現漏掉其中部分繼承人的情形。所以寫遺囑前，可以事先將自己的繼承人列一份清單，並且標示出每一位繼承人的應繼分及特留分，這樣就不會有遺

漏，也不用擔心不小心侵害到特留分。

　　例如：陳大明先生立遺囑時，有配偶，無子女，父母已過世，另有弟弟三人，故其繼承人為配偶以及三個弟弟，各繼承人可以分配到的應繼分與特留分比率如下：

繼承人清單

姓名	身分	應繼分	特留分
王小青	配偶	$\frac{1}{2}$	$\frac{1}{4}$
陳二明	弟	$\frac{1}{6}$	$\frac{1}{18}$
陳三明	弟	$\frac{1}{6}$	$\frac{1}{18}$
陳四明	弟	$\frac{1}{6}$	$\frac{1}{18}$

　　在法定應繼分的部分，王小青是配偶，所以可獲得二分之一的應繼分。三個兄弟原本可獲得二分之一的應繼分，平分給三人之後，每人可得六分之一。

　　而最低保障的特留分，因配偶的特留分為應繼分的二分之一，所以是二分之一乘以二分之一，等於四分之一。而三位弟弟的特留分為應繼分的三分之一，所以是六分之一乘以三分之一，因此每位弟弟最低應保有財產

十八分之一的特留分。

◆ 確認受遺贈人

　　很多人在寫遺囑時，都會想將遺產的一部分贈與給
特定對象，若遺贈的對象比較多時，建議最好先擬一份
遺贈清單，標示出對方相關資料以及擬贈與的財產。若
有相關條件，還可以在清單中寫清楚，這樣在開始寫遺
囑時就很清楚，不會有所錯誤遺漏。以下舉例遺贈對象
與內容的清單詳列：

遺贈清單

遺贈對象	身分或識別資料	擬贈與的財產	權利種類
林大明	N121000888 住新北市五股區中正路〇段〇巷〇號〇樓	現金 1000 萬	所有權
謝小鳳	A221000999 住花蓮縣秀豐鄉美麗路〇段〇巷〇號〇樓	台北市中正區羅斯福路 2 段 10 號 1 樓	租金收益權 10 年
財團法人伊甸社會福利基金會	統編 05200169	台積電股票 300 張 聯電股票 500 張	30 年的股息股利

◆ 列出遺產清單

　　現今社會上多數人都會有二種以上的資產，多的話甚至可能會有十幾種，而同種類的資產也常會有很多個，例如在多家銀行都有帳戶存款，或是不動產分布在不同縣市等等。所以在立遺囑前，最好先將自己的財產列一份清單，並標示出詳細資訊以及市價。這樣在寫遺囑分配遺產時，一來不會遺漏，二來也可明確衡量每位繼承人未來實際繼承的財產，避免將來出現違反特留分的狀況。

　　不過，由於立完遺囑後，自己的財產狀況很可能會有增減，而且多數的財產價值也會有變動，所以每隔一段時間，最好把自己的遺囑拿出來檢視一下，若是有一些財產的增減或價格變動比較大時，可能就需要再做分配調整。

遺產清單範例

銀行存款	存放機構	帳號	存款種類	金額
	第一銀行	1215456325	活存	100 萬
	兆豐銀行	2145225678	定存	250 萬

	彰化銀行	2145879655	定存	300 萬
有價證券	**公司別**	**券商**	**股數**	**股價 / 市值**
	台積電	華南證	50000 股	600/3000 萬
	華航	中信證	150000 股	30/450 萬
不動產	**土地 / 建物**	**標示明細**	**面積**	**市價**
	土地	新北市萬里區崁腳段 2 小段 25-6	50000 坪	2000 萬
	建物	台北市中正區延平南路 119 號 12 樓	40 坪	6000 萬
基金	**投信公司**	**基金名稱**	**受益單位**	**淨值 / 市值**
	元大投信	元大高科技基金	50000	33/1650.000
債權	**債務人**			**債權金額**
	汪小寒			500 萬
動產	**種類**	**明細**	**數量**	**市價**
	BMW 汽車	BGE-5858	1	200 萬
	黃金	台灣銀行保險箱	2Kg	360 萬

◆ 確認遺囑內容

　　遺囑是很個人化的東西，所以每個人想要在遺囑中交代的事情也不一樣，因此在動筆開始寫遺囑之前，最

好先構思自己遺囑的大綱，這樣在實際寫遺囑時，就可以根據遺囑大綱逐項書寫，非常清楚。本書列出一般遺囑常寫的幾項內容，方便讀者在實際寫遺囑時可以參考：

遺囑內容確認範例

內容	選擇
一生感言	☐ 需要　☐ 不需要
愛的叮嚀	☐ 需要　☐ 不需要
財產分配	☐ 需要　☐ 不需要
遺囑信託	☐ 需要　☐ 不需要
愛的遺贈	☐ 需要　☐ 不需要
捐助行為	☐ 需要　☐ 不需要
禁止分割	☐ 需要　☐ 不需要
勞退金指定	☐ 需要　☐ 不需要
遺囑認領	☐ 需要　☐ 不需要
指定監護人	☐ 需要　☐ 不需要
剝奪繼承	☐ 需要　☐ 不需要
喪葬安排	☐ 需要　☐ 不需要
器官捐贈	☐ 需要　☐ 不需要
大體捐贈	☐ 需要　☐ 不需要
指定遺囑執行人	☐ 需要　☐ 不需要
指定保險受益人	☐ 需要　☐ 不需要
其他心願	請自行填入

第五章

常見遺囑內容寫法教學

當自私的幸福變成人生唯一的目標，

不久後人生就會變得沒有目標。

——羅曼‧羅蘭

　　很多人了解到寫遺囑的好處後，終於下定決心要開始寫遺囑了，但等到真正要動筆時，卻又有很多疑問或是不知道如何下筆。本章就為讀者說明寫遺囑前應知的幾個重點，以及常見遺囑內容的情境與寫作範例。

寫遺囑前應知的重點

　　首先，寫遺囑並沒有規定一定要用哪一種文字，只要是可以辨識的文字，其他人可以理解意思就可以了，所以使用中文、英文、德文、法文或其他文字系統，都可以寫成有效的遺囑。不過若文字已失傳，其他多數人無法理解其文義，就不能用這種文字寫遺囑。

　　其次，因為我國民法目前尚未承認電子遺囑，所以若只是把遺囑內容儲存在電腦裡面，雖然內容都是遺囑人的意思，但其性質只是一個電子檔，不具有正式法律效力。

　　因此，若要成為一份有效的遺囑，除了發生生命危急或其他特殊情形，可以使用口授遺囑之外，否則遺囑一定要有書面實體才可以。所謂書面是指書寫的意思，

但並不一定要寫在紙上。若是把遺囑內容寫在竹簡、衣服、地板或牆壁上，都可以做成自書遺囑，但是其隱密性及保存性比較不理想，因此一般還是建議把遺囑寫在紙上為佳。

在紙張選擇上，盡量不要使用易破損或是過薄的紙張，例如宣紙或磅數較低的紙張，以免遺囑容易毀損，建議使用標準信紙或稿紙都可以。書寫工具的選擇，無論是鋼筆、原子筆、毛筆或奇異筆都可以，最好不要使用鉛筆或者擦擦筆，因為容易會有被變造的可能，至於筆的顏色以黑色、藍色等深色為佳，比較不會因為時間久了而變淡、變模糊。

另外，若是內容有關於金額數字的部分，最好是用大寫或用國字書寫，盡量避免使用阿拉伯數字，以降低被竄改的風險。

常見遺囑內容寫法

遺囑常見的主要內容可以分成財產功能、身分功能、綜合功能等三大方面，常見內容主要有遺產分配、遺贈、

捐助行為、遺囑信託、禁止分割期限、勞工退休金遺產之請領、指定遺囑執行人、指定保險受益人、遺囑認領、指定監護人、剝奪繼承權、器官捐贈、大體捐贈、喪葬方式、愛的叮嚀、一生感言等幾種，以下就分別為讀者介紹這些內容以及寫作範例。

一、遺產分配

遺產分配是遺囑最重要的內容，基於遺囑自由原則，只要遺囑沒有侵害到繼承人的特留分，所有的遺產都可以任由遺囑人依個人意願自由安排。一般實務上，遺產分配有法定應繼分、指定應繼分、指定分割等三種方式，以下就為大家說明這三種分配方式的寫作重點及寫作範例。

由於每一種遺產分配方式各有其特色與適用情境，因此我會分別舉例情境，並擬出寫作範例，讓讀者方便了解自己適合哪一種方式，並且可以快速掌握寫遺囑的技巧。

1.法定應繼分

利用法定應繼分做遺產分配，就是遺囑人不自行指定各繼承人之間將來繼承遺產的範圍與金額，日後各繼承人的繼承比率就按法律規定辦理。

利用這種方式分配遺產，因遺囑人對遺產不需要費心另做安排，可以說是幾種遺產分配方式中最簡單且最公平的一種，若是對遺產分配沒有特別安排規劃，或是希望能盡量做到形式上的公平，就很適合利用這種方式來分配遺產。

但這種方式的缺點，是將來在遺產分割上的限制會比較多，只要某一個繼承人不同意配合辦分別共有分割，將來就只能辦理公同共有繼承，在管理使用上會比較複雜和困難，若日後繼承人對分割方法沒有共識，就只能上法院請求裁判分割。

情　境

　　王先生寫遺囑時，配偶已經過世，他有Ａ、Ｂ、Ｃ等三個兒子，他名下有建物一棟，土地一筆，存款五百萬，台積電股票五萬股，他希望自己過世後，遺產分配要做到完全公平，這樣兄弟間才不會有心結，那麼王先生該如何在遺囑上寫呢？

寫作範例

　　本人身後之一切財產，由Ａ、Ｂ、Ｃ三人依法定應繼分方式共同繼承。

---

2. 指定應繼分

　　利用指定應繼分做遺產分配，就是由遺囑人自行指定各繼承人將來可以繼承的遺產比率，利用這種方式來分配遺產，可以讓遺囑人有很大的遺產自由處分空間，符合遺囑人的主觀意願，也可以讓遺產發揮最大效用，是遺囑實務上很普遍使用的方式。

　　應繼分在指定時，建議盡量對各繼承人的繼承比率用明確數字表示，分配單位上用十分比或百分比都可以，例如寫「○○土地由陳小明繼承十分之三，陳小華繼承十分之七」、「○○土地由陳小明繼承百分之六十五，陳小華繼承百分之三十五」都可以，分母單位越高，指定的比率就越細緻明確。

　　應繼分的指定，可以就全部的遺產做指定，也可以僅就其中一部分的遺產做指定，可以對全部繼承人指定也可以僅對部分繼承人指定。但為了避免疑義，本書建議指定時，還是對全部遺產及全部繼承人做指定為宜。

情　境

　　李先生立遺囑時，繼承人有太太王美美和李小花、李小梅兩個女兒，李先生本人名下有一間不動產店面，土地一筆，存款五百萬，李先生覺得老伴年紀大了，希望能多分一點遺產給太太，讓她比較有保障，另外李小梅因身體因素無法工作，所以他想多留一點遺產給李小梅，李先生該

如何在遺囑上寫呢？

寫作範例

指定應繼分有全部遺產概括指定及個別遺產分別指定兩種，所以會有兩種寫法：

- **概括指定**

本人身後之一切遺產，由本人配偶王美美及李小花、李小梅等三位繼承人共同繼承，並指定三人就全部遺產之應繼分比率為五：二：三。

- **個別指定**

本人身後所留遺產，由本人配偶王美美、李小花、李小梅等三位繼承人共同繼承，並指定三人個別遺產之應繼分比率如下：

1. 坐落○○市○○區○○路○○巷○○號○○樓之房屋暨土地持份，由本人配偶王美美繼承十分之五、李小花繼承十分之二、李小梅繼承十分之三。

> 　　2. 坐落○○市○○區○○段○○小段○○號
> 之土地，由本人配偶王美美繼承十分之二、李小
> 花繼承十分之四、李小梅繼承十分之四。
> 　　3. 現金部分，由本人配偶王美美繼承十分之
> 三、李小花繼承十分之二、李小梅繼承十分之五。

3. 指定分割

　　民法第 1165 條第 1 項規定，被繼承人可以利用遺囑指定分割遺產，因此遺囑指定分割是民法三種遺產分割方式的其中一種。

　　遺囑指定分割的好處是效力很強，若遺囑人指定由某繼承人單獨取得某不動產時，將來即可由該繼承人單獨持遺囑去向地政機關就該不動產申請繼承登記 [20]，不用其他繼承人同意或配合，等於是將遺產繼承和遺產分割的問題一次解決，相當實用方便。雖然學者對此有不同看法，但此種效力已被法院實務所接受 [21]。

---

20 法務部法律決字第 0930040074 號函、內政部地政司內授中辦地字第
　　0930016064 號函。
21 最高法院 97 年台上字第 2217 號判決。

　　指定分割時，可以就全部遺產指定，也可以只就部分遺產指定，可以就全部繼承人指定，也可以僅就部分繼承人指定，但為了避免爭議，仍建議以對全部繼承人做全部遺產分割為宜。

　　在指定分割方式上，不一定只能對原來遺產做分割（原物分割），也可以在遺囑中交代將某不動產賣掉後用金錢比率分割（變價分割），或是將遺產僅分給其中一位或數位繼承人，而對於未分得遺產的繼承人，再用金錢補償也可以（代償分割）。

　　有時候，遺囑人自己也不知道如何分割最好，所以也可以指定他人代為分割，所指定之人可以是親友或自己信任之人，也可以是繼承人，但若要委託指定分割，一定要將委託的意思在遺囑中載明清楚，否則指定無效。至於若他人代為分割的結果顯失公平時，學者多認為受害的繼承人可以請求重新分割。

　　因各遺產價值差異有時很大，若不注意的話，容易會有侵害特留分的狀況，雖然侵害特留分時，其指定並非無效，但是受害之繼承人將來有可能行使扣減權，所以在指定分割時最好能予注意。

　　由於指定應繼分與指定分割兩者間，究竟是質或量的差異，在法院實務和學說上都沒有明確區分標準，甚至有時候和遺贈也不易區別。因此在遺囑寫作上，最好能在遺囑內容上表明清楚，例如「茲以本遺囑指定分割，方式如下——」或「茲以本遺囑指定各繼承人之應繼分，方式如下——」，以資明確。

情境

　　林先生立遺囑時，有配偶陳美美及兩個兒子林大東、林小東共三位繼承人，林先生名下有建物一棟、土地一筆、現金存款兩千五百萬、甲公司股票十萬股、骨董字畫數件，他想要在遺囑中將各遺產指定分割給各繼承人，以免各繼承人日後有分割爭議，那麼林先生該如何在遺囑上寫呢？

寫作範例

　　本人下列財產，於本人百年後，依本遺囑指定分割，方式如下：

> 1. 坐落○○市○○區○○路○○巷○○號○○樓之房屋暨土地持份，由林大東單獨繼承。
>
> 2. 坐落○○市○○區○○段○○小段○○號之土地，由林小東單獨繼承。
>
> 3. 存款及甲公司股票，均由本人配偶陳美美單獨繼承。
>
> 4. 骨董字畫部份，授權由本人配偶陳美美代為分割。

二、遺贈

遺贈在遺囑寫作上的重點，主要就是要注意遺贈的對象必須要清楚明確。如果是自然人的話，盡量將姓名、地址、身分證號碼、聯繫方式寫清楚；若是要捐贈給法人時，一定要記載法人機關的全名，將來才不會有所疑義。

其次，在遺贈標的上也要清楚明確。若是要贈與所有權，應記載是贈與全部或是一部分；若是贈與現金存

款股票，應記載其數額或股數；若是贈與不動產，應記載持分比率；若是贈與使用收益權，最好記載贈與期限以及期限屆至後的處理方式。

若遺贈有附加期限，其期限應清楚明確，最好用○年○月○日做標示。若是附加條件，應注意所設之條件不可以違反法令或善良風俗，條件也必須明確可行。若是不可能達成的條件，則不可作為條件，否則視為無條件。

情境

謝先生立遺囑時，太太已先過世，只有兒子謝一明、謝二明等二位繼承人，他名下有H1、H2二間房子，土地一筆，甲銀行定存一千萬及活儲帳戶存款六百萬，他想要利用遺囑，將財產指定分割給二個兒子，也想把部分遺產捐給慈善團體，另外他還想贈與一筆金錢給大姊謝小芬，以報答大姊早年犧牲照顧他的恩情，謝先生該如何在遺囑上寫呢？

寫作範例

　　本人下列財產，於本人百年之後，各繼承人依下列方式進行遺產分割，另遺贈如下：

　　1. 坐落○○市○○區○○路○○巷○○號○○樓之房屋暨土地持份（H1），由謝一明單獨繼承。

　　2. 坐落○○市○○區○○路○○巷○○號○○樓之房屋暨土地持份（H2），由謝二明單獨繼承。

　　3. 存放於甲銀行一千萬定存，全數遺贈給○○基金會供會務發展及扶助弱勢兒童之用。

　　4. 存放於甲銀行活儲帳戶存款六百萬，全數遺贈給本人大姊謝小芬，感謝她一生對本人的付出與照顧，其餘現金存款由謝一明、謝二明均分。

Tips

遺贈也有節稅的功能喔！

依據遺產及贈與稅法第 16 條的規定，以下各種遺贈的遺產可以不計入遺產總額：

1. 遺贈人、受遺贈人或繼承人捐贈各級政府及公立教育、文化、公益、慈善機關之財產。

2. 遺贈人、受遺贈人或繼承人捐贈公有事業機構或全部公股之公營事業之財產。

3. 遺贈人、受遺贈人或繼承人捐贈於被繼承人死亡時，已依法登記設立為財團法人組織且符合行政院規定標準之教育、文化、公益、慈善、宗教團體及祭祀公業之財產。

三、捐助行為

捐助行為係指捐助人以設立財團法人為目的的一種法律行為[22]，而所謂財團法人，是指以從事公益為目的，

---

22 民法第 60 條 1 項。

由捐助人捐助一定財產，經主管機關許可，並向法院登記之私法人 [23]。所以如果想要以機構形式持續進行某一種公益目的，那麼成立財團法人就是不錯的選擇。

財團法人從成立時間上，可分為生前捐助及遺囑捐助，所以若生前沒有成立財團法人，就可以利用遺囑方式來成立。但若要利用遺囑成立財團法人，最好要指定遺囑執行人，以利事務推行；但若無遺囑執行人時，法院得依主管機關、檢察官或利害關係人之聲請，指定遺囑執行人 [24]。

情境

　　林先生是一位大富豪，由於他是肺癌末期患者，因此他希望在自己過世後，捐出新台幣十億元成立一個獨立的財團法人，做為一個專責獨立推動防治肺癌以及肺癌醫療研究的機構，因此他想利用遺囑捐助方式成立基金會，那麼林先生該

---

23 民法第 60 條 1 項。
24 民法第 60 條 3 項。

如何在遺囑上寫呢？

寫作範例

本人百年後，希望以本人名下不動產於處分後所得之價金，以新台幣十億元成立「財團法人林氏肺癌防治基金會」，做為推動國內肺癌防治、肺癌研究與獎助等業務，並指定由遺囑執行人劉韋德律師進行相關成立事宜。

四、遺囑信託

利用遺囑成立信託，在寫作上必須注意對受託人的管理方式、管理費用、受益人、受益方式、信託終止條件或期限等細節做明確指示，否則將來容易產生爭議。尤其是若要委託銀行辦理遺囑信託，通常都要先與銀行洽商細節，而且很多銀行還會要求遺囑中必須指定遺囑執行人，並經過公證人做公證或認證後才願意接受委託。

又若是遺囑信託細節一時無法在遺囑中詳細記載，

也可以委託第三人對這些細節與受託人洽商。若是擔心遺囑信託有風險，還可以指定信託監察人，以監督受託人是否有確實按照信託意旨管理。

　　最後要注意的是，遺囑信託的受益權，性質上也是屬於遺產的一部分，因此仍會受到特留分的限制，不可以將信託受益權全部歸屬於某特定繼承人，否則會有扣減的問題。

情境

　　王媽媽立遺囑時，先生已先過世，她有兒子王自立、王自強等二位繼承人，王媽媽名下有一個店面，土地三筆，銀行定存六千萬，她已經想好店面和土地如何分配，但是現金部分，她擔心繼承人拿到現金遺產後會揮霍浪費，所以她想要成立一個遺囑信託，由銀行為她管理這筆錢並做妥善管理，那麼黃媽媽該如何在遺囑上寫呢？

寫作範例

　　本人百年之後，以存放於甲銀行之存款新台幣六千萬元成立遺囑信託，受託人為甲銀行，信託管理費為每年十萬元，信託專戶管理方式與受益人受益方式如下：

　　1. 由信託專戶提領百分之五十現金，授權受託人於一年內自證券交易集中市場分批購買績優股票，購入後長期持有，於信託關係持續期間不得售出，股票股利繼續持有，現金股利均歸入信託專戶。

　　2. 信託專戶其餘現金及每年孳息，百分之八十以定存方式保管，百分之二十以活儲方式保管。

　　3. 本信託之受益人為王自立、王自強以及王自立、王自強之配偶與子女，全體受益人每人每年生日時，均可自信託專戶領取現金十萬元，王自立、王自強之子女每人於年滿二十歲當年度，均可自信託專戶領取現金三十萬元

　　4. 本信託專戶存續期間為三十年，於期間屆滿時終止信託關係，並將股票全數售出，所售價

> 金歸入專戶後連同現金平均分配給全體受益人。
>
> 5. 本信託契約由劉韋德律師擔任信託監察人。

五、分割期限限制

有時候，遺囑人會不希望自己過世後，繼承人就立刻將遺產分割賣掉，因此遺囑人可以在遺囑上禁止繼承人分割遺產[25]。禁止分割的範圍可以是遺產的一部或全部都可以，目前法律上禁止的時間最長只有 10 年，但因禁止分割不利於經濟流通，未來修法應會予以縮短。

> **情 境**
>
> 王先生立遺囑時，配偶已先過世，他有三個兒子，他名下有二筆土地，都是祖先留下來的，他希望將來過世後，兒子們能守住祖先的土地不要分割，因為一旦分割後，個別繼承人就可以自

---

25 民法第 1165 條 2 項。

由買賣土地持份，因此他希望禁止分割，那麼王
先生該如何在遺囑上寫呢？。

寫作範例

　　本人百年之後，坐落於新北市萬里區○○段
○○小段 123、134 兩筆土地遺產，由三個兒子共
同繼承，惟於本人百年後十年內，各繼承人均不
得請求分割。

六、勞工退休金遺產之請領

　　這裡所說的勞工退休金，是指依據勞工退休金條例，
由雇主為適用勞基法之勞工，按月提繳不低於其每月工
資 6% 的勞工退休金，勞工亦得在每月工資 6% 範圍內，
依個人自願另行提繳的退休金。因為這些錢都是勞工的
錢，所以當勞工於請領退休金前就死亡，就算是勞工的
遺產，依法就可由遺屬領取。但若是勞工有用遺囑指定
請領人時，即可由其指定之請領人領取。

情 境

　　陳先生是一位勞工，他在職期間，雇主和他都有按月提撥退休金在專戶裡，金額已經累積到數百餘萬，他想要在自己過世後，將這筆錢由特定人領取，而不是由配偶及全體子女領取，那麼林先生該如何在遺囑上寫呢？

寫作範例

　　本人百年後，於本人勞工退休金專戶之退休金，悉由陳一明、陳二明二人共同領取並平均分配。

七、指定遺囑執行人

　　遺囑執行人是很重要的，一份遺囑能否按照遺囑人的心願忠實完整執行，和有無遺囑執行人以及執行人的能力經驗有很重要的關係。尤其是有遺贈的遺囑，因為

要把財產一部或全部贈與出去，繼承人不一定會樂意執行，所以若是立好遺囑後，沒有指定遺囑執行人，或是遺囑執行人並未忠實執行遺囑時，都可能會使遺囑安排效果大打折扣。因此建議預立遺囑時，最好能夠指定一位或以上的執行人。

指定遺囑執行人是一種單獨行為，因此並不需要對方同意，但是對方也可以拒絕。所以在指定之前，最好能事先和對方溝通有無意願及相關細節，否則萬一對方拒絕時，就會變成無執行人狀態。又若是一時無法決定執行人時，也可以授權自己信任之人，到繼承開始後再指定亦可。

情境

康先生深知預立遺囑的重要，因此他準備寫自己的遺囑，不過他的遺囑比較複雜，其中還有要捐贈部分遺產給慈善機構，因此他希望指定自己的弟弟來擔任遺囑執行人，那麼康先生該如何在遺囑上寫呢？

寫作範例

　　本人指定本人親弟康大明為本遺囑之執行人，執行酬勞為○○萬元（若無酬勞可不寫），全體繼承人均須依執行人指示並配合辦理。

八、指定保險受益人

　　現代社會多數人都有人壽保險，保單上有些已有指定受益人，有些則尚未指定。若遺囑人是要保人，且保險契約尚未指定受益人，那麼遺囑人就可以利用遺囑進行指定，等遺囑生效之後，所指定之人就有權利向保險公司請求保險金。

　　另外，依保險法的規定，即使保單本來就已經有指定受益人，但遺囑人還是可以利用遺囑重新指定[26]，等遺囑生效後，新的受益人就可以憑遺囑向保險公司領取保險金。

---

26 保險法第 111 條 1 項。

情境

　　常先生年輕時曾向○○人壽保險公司投保了二張人壽保險死亡契約，其中一張有指定保險受益人常大明，一張則尚未指定受益人，他想要把兩張保單的受益人都改為常小明，他該如何在遺囑上寫呢？

寫作範例

　　1. 本人投保○○人壽保險公司之終身平安壽險，保單號碼為 12345678，原已指定由常大明先生為受益人，惟因另有考量，故茲以本遺囑重新指定由常小明先生（身分證號碼：A199999999）為該保單之受益人。

　　2. 本人投保○○人壽保險公司之終身平安壽險，保單號碼為 12345679，尚未指定受益人，茲以本遺囑指定由常小明先生（身分證號碼：A199999999）為該保單之受益人。

九、遺囑認領

　　認領就是生父對於自己的非婚生子女（俗稱私生子），承認為其父親而領為自己子女的一種行為，而遺囑認領就是利用遺囑進行認領的方式。非婚生子女經過生父認領之後，其權利義務就和一般子女相同，也擁有一樣的繼承權。

　　有些人在生前，可能因某些因素不方便認領外面的非婚生子女，所以只能在身後利用遺囑方式做認領，認領後非婚生子女就可以申請改姓[27]，並向戶籍機關辦理戶籍登記[28]。

情境

　　趙先生年輕時曾有外遇，對方並且為他生下一子小東，但是趙先生因已有家庭，因此他從未公開過此事，因此小東是從母姓，趙先生年老之

---

27 姓名條例第 8 條。
28 戶籍法第 4、7 條。

時，對於小東深感抱歉，想要讓小東認祖歸宗，並且希望讓小東能夠和自己的子女一樣有繼承權，因此他想用立遺囑的方式認領小東，他該如何在遺囑上寫呢？

寫作範例

本人之非婚生子女黃小東（身分證號碼N123456789），係本人之親生子女，茲以本遺囑為認領，認領後其一切權利義務與本人婚生子女相同。

十、指定監護人

若夫妻離婚且雙方有未成年子女時，往往會由其中一方行使及負擔對於對於未成年子女之權利義務。但若是離婚後遇到另一方父母也死亡，或也已經無法行使親權者，例如受監護宣告或受停止親權宣告等狀況，為了保護未成年子女之權益，法律上即規定可以由最後行使

負擔對於未成年子女之權利義務之父或母，以遺囑方式指定監護人。

情 境

　　王女士和先生離婚後，獨自一人撫養兩個尚在小學就讀的小孩，兩年後，她前夫因車禍過世，而她又診斷出乳癌末期，她非常難過，但為了照顧兩個小孩，避免他們將來沒有辦法獲得好的照顧，因此她想在過世後，指定由她的妹妹來照顧兩個小孩，那麼王女士該如何在遺囑上寫呢？

寫作範例

　　本人百年後，指定由本人妹妹王小美擔任本人子女黃大明、黃小明二人之監護人，於黃大明、黃小明二人成年前，王小美得每月自遺產中支領新台幣五萬元，作為相關扶養照顧費用。

十一、剝奪繼承權

　　法律上規定，如果繼承人對於被繼承人有重大虐待或侮辱情事時，被繼承人就可以剝奪該繼承人的繼承權[29]，一旦剝奪後，該繼承人就無法再繼承遺產了。因此若是遺囑人曾經有遭某繼承人重大虐待或侮辱的狀況時，就可以在立遺囑時載明剝奪該繼承人的繼承權。

　　剝奪繼承權並不一定要用遺囑，但因為遺囑比較正式，日後比較不會有爭議，因此用遺囑剝奪繼承權在實務上也頗為常見。

> 情境
>
> 　　許先生有三個子女，其中長子許大明經常忤逆他，甚至詛咒他去死，他決定要剝奪許大明對他的繼承權，他該如何在遺囑上寫呢？

---

29 民法第 1145 條 1 項 5 款。

寫作範例

　　本人子女許大明，因對本人忤逆不孝，曾多次辱罵本人，詛咒本人快點去死，此等不孝行徑，業經○○○、○○○等人親見親聞，並有相關錄音為憑，許大明行為已屬重大虐待及侮辱，故以本遺囑剝奪其繼承權。

十二、器官捐贈

　　許多人慢慢接受在離世時，捐出部分器官來幫助別人。依人體器官移植條例第六條規定，只要經死者生前曾經有以書面或遺囑方式同意捐贈器官的意思時，醫師就可以自往生者身上摘取器官，所以若是未曾簽署過器官捐贈同意書者，就可以利用遺囑來完成身後助人的義舉。

> ## 情 境
>
> 　　賈太太今年 80 歲了，她自知來日不多，所以她想要預立遺囑，由於她以前曾經受過別人很大的幫忙，所以她也希望在自己過世後，能夠延續自己的愛，捐贈出身上可用的器官，她該如何在遺囑上寫呢？
>
> ### 寫作範例
>
> 　　本人百年之後，希望捐贈器官遺愛人間，請將本人之眼角膜和肝臟捐出，並請和 1. 財團法人器官捐贈移植登錄中心（0800-888-067）或 2. 中華民國器官捐贈協會聯繫（0800- 091-066）聯繫。

十三、大體捐贈

　　雖然傳統上，多數國人都希望過世時，遺體能被莊嚴保存，但是也有許多人願意在自己身後捐出大體，供

醫學中心教學研究，讓更多未來的醫生可以更了解人體，拯救更多生命。如果您之前沒有簽署過大體捐贈解剖自願書，依據解剖屍體條例第 3 條 1 項 2 款，只要生前有合法遺囑願供學術研究之遺體，都可以執行大體解剖及病理剖驗。

情 境

　　李先生從某大學退休，他已經看慣了生離死別，所以他希望在自己過世後，捐出這副皮囊給醫學院學生作解剖研究，他該如何在遺囑上寫呢？

寫作範例

　　本人百年之後，希望捐贈大體給台灣大學醫學院做教學研究之用，以促進醫學發展，請聯繫遺體捐贈受理電話：02-23912241。

十四、喪葬方式

　　很多人對於自己人生的最後一程要用什麼方式，以及人生結束後的新家，都已經有自己的想法。因此最好在遺囑中對自己以後的喪葬儀式及遺體骨灰存放處做明確指示，這樣既可安排自己喜歡的方式告別，也可避免子女為了自己的喪葬儀式鬧意見，所以已有越來越多人會在自己的遺囑上寫上自己喪葬儀式的指示。

情境

　　柯女士年紀大了，她希望自己走了之後，能夠用傳統佛教方式辦理她的後事；另外，她也已經選好自己未來的新家，她想要將這些寫入遺囑之中，她該如何在遺囑上寫呢？

寫作範例

　　本人百年之後，喪葬安排方式，請以佛教儀式辦理，不要鋪張浪費，儀式簡單隆重即可，不

> 用辦公祭，只要舉行家祭，花籃奠儀一概不收，
> 遺體以火葬方式處理，火化後骨灰放置於三芝
> ○○園區。

十五、愛的叮嚀

　　很多立遺囑的人，都希望在遺囑中寫下最後對子女
親友的叮嚀交代。有些是平時已經說過的，也有很多是
平時隱藏在心中沒有說出口的，因此在人生最後一次的
告別時，他們都把握最後一次機會，把心中的話說出來。
內容常常令人很感動，對後世子孫也會起到很大的影響
作用。

寫作範例

　　小凱，等你見到這份遺囑時，媽媽已經不在
這個世界了。

　　從你出生後，你就是媽媽的驕傲，你是那麼貼心孝順，凡事都不會讓我失望，雖然現在你有自己的家庭，又在美國工作，這幾年我們見面次數越來越少，但你永遠都是媽媽最愛的人，希望你永遠記得，媽媽對你的愛，是永遠不變的。

　　你是個勤勞認真的孩子，為了工作，你經常會熬夜加班，媽媽很擔心你的身體，雖然事業很重要，但身體健康更重要，沒有健康的身體，一切都是枉然，媽媽希望你能夠更加愛護自己，不要太常熬夜，多多陪伴子萱和子寰，孩子的成長只有一次，錯過孩子的成長，永遠都沒有機會再重來了。

　　抽菸對身體不好，答應媽媽，早點戒菸，對你會有好處的，記得媽媽永遠愛你，我會在天上看著你，保佑你，願你平安健康。

愛你的母親

十六、一生感言

　　現在有很多人在寫遺囑時，已經不單單將遺囑作為交代後事的一種功能性文件，而是將遺囑作為自己一生回顧的情感交代。曾有一位老太太，雖然她子孫滿堂，但她以前小的時候，就因為原生家庭重男輕女而被送人收養，她的童年時期很辛苦，她在遺囑中，把以前小時候到年輕時所受到的各種辛酸委屈，一直到中年以後丈夫過世，自己獨自扶養子女長大的艱辛過程，一字一字寫下來，看了真的會讓人心疼感動。還有一個退伍老兵寫的遺囑，寫他少年時去村口買東西，然後莫名其妙被抓去當兵，一去就是 50 年，等他回家鄉時，父母都過世了，他在自己的遺囑中把這段過去寫進去，雖然往事已矣，但那個大時代下的悲慘歲月，還是令人唏噓動容。

　　在自己的遺囑中寫下自己的一生感言，等於是回頭梳理檢視自己的人生，對於自己心靈的洗滌，往往能有很大的幫助，對於後人也有很大的啟迪效果，值得讀者體會嘗試。

第六章

遺囑的形式

人無法選擇是否死亡，
但能選擇面對死亡的態度。

——佚名

　　民法上遺囑的形式共有五種，分別是自書遺囑、公
證遺囑、密封遺囑、代筆遺囑、口授遺囑等，這五種遺
囑的要件各有不同，也各有優缺點。每個人在立遺囑前，
最好先了解五種遺囑的方式，然後選擇一種最適合自己
的方式立下自己的遺囑。

自書遺囑

情　境

　　　王先生已經 80 歲了，他覺得最近身體越來越
差，他覺得幾個小孩的經濟狀況不同，對自己的
關心照顧也不同，所以他希望在自己走後，能依
照自己的想法去分配遺產，因他自己對法律有一
些了解，所以他自己拿了筆和紙，一字一字的寫
下自己的遺囑。

　　自書遺囑是五種遺囑方式的第一種，也是一般民眾

最常用的遺囑方式。

　　自書遺囑，顧名思義，就是自己書寫的遺囑。自書遺囑的優點是簡單方便，只要一張紙一枝筆，不必任何費用就可以完成，而且不必找見證人，因此隱密性高，也不會有遺囑內容外洩的風險，這都是自書遺囑的優點。

　　自書遺囑雖然簡單方便，但有時因沒有專業人士協助，而遺囑人又可能對法令不熟悉，因此比較容易發生遺囑方式或內容違反法令，導致爭議甚至無效的狀況。

　　由於許多人在自書遺囑時，常是因為身體已經出現狀況，甚至是已經到了病危，此時筆跡常會比較凌亂，文筆也不太通順，所以分產較少的繼承人就常常會出面主張遺囑是假的，或是爭執父母立遺囑時已因重病神智不清而主張遺囑無效，這些都是自書遺囑常見的爭議。因此在自書遺囑時，最好是在身體狀況較好的狀況下盡早預立，若是能再請律師或公證人協助做見證認證的話，應對上述爭端會更有避免效果。

◆ 注意重點

1. 自書遺囑的內容，一定要遺囑人全部親自用手書寫，不可以自己口述然後請人代寫，即使有些字不會寫，也不可以請人代寫。

2. 電腦中或手機中的電子檔，就算是自己寫的，但因不符合「自書」的要件，所以僅有意思表達效果，但無法律上效力，就算列印出來以後再簽名，也不發生法律效力。

3. 電腦或手機雖然不能直接做成自書遺囑，但因電腦、手機或是遺囑 APP，都有很強的編輯功能，因此可以先在上面做成遺囑初稿，等到想要做成正式遺囑時，只要列印出來然後直接全文抄寫一次即可，這樣會比在稿紙上修改方便很多。

4. 書寫的文字不限於中文，外國文字也可以，但必須是第三人可以客觀辨識之文字，筆跡也不宜太潦草，

以免辨識困難產生爭議。如內容有金額數字，宜以大寫或國字書寫，因為阿拉伯數字比較容易被竄改。

5. 遺囑內容若一張紙寫不下，可以寫在另外一張紙上，但最好用相同格式和材質的紙張為宜，並在每一張上都簽名並註明頁數次序，然後在各頁之間再蓋上騎縫章或簽名，這樣可以避免產生疑義。

6. 一定要記明立遺囑的時間，用民國或西元時間都可以，但時間單位一定要清楚記明是「某年某月某日」，缺一不可，否則遺囑無效。另外，若遺囑不是一次寫完，而是分成好幾天寫，就註明最後寫完的那一天的日期即可。

7. 遺囑內容完成後，一定要記得親自簽名，簽名的位置不拘，在遺囑開頭或結尾都可以，但建議寫在全文結尾處或是在頭尾都簽名，並在最後簽名處末加註「以下空白」四字，這樣可以避免遺囑被他人擅自增加內容。

8. 簽名所用文字，法律上並未規定，任何文字皆可，所以用中文寫遺囑，最後簽英文姓名也可以，但最好能書寫全名，以免產生爭議，不能只寫「父親親筆」之類的署名，否則無效，而且簽名所用文字，盡量要和遺囑內容所用的文字相同，這樣比較不會有爭議。

9. 自書遺囑簽名，記得不可用蓋章或指印等方式代替，這是很常見的錯誤，但若同時有簽名和蓋章或指印，則是可以的。

10. 寫遺囑的過程中或完成後，如要新增或刪改部分內容，必須於新增或刪改後，以文字另行註記「於第○行增刪修改○字」（通常放在文末），而且還要記得必須再次於註記處簽名（常見錯誤），以確保增刪改都是遺囑人所為，若忘記註記或簽名，則視為未增刪修改。

11. 遺囑寫好之後，最好請律師或公證人幫忙檢查，如果可以的話，花一點錢請律師見證或公證人認證，這樣可以更提高遺囑的可信度。

公證遺囑

情 境

　　林總裁事業龐大，他最近發現自己得了癌症，因此想要早點立遺囑，把財產做好交代，由於他對於法律不是很熟悉，而且他擔心自己寫遺囑，萬一有些規定沒注意，導致遺囑無效或是有爭議，反而會徒生紛爭，因此他決定到法院找公證人做公證遺囑。

　　公證遺囑是民法規定的第二種遺囑方式[30]，它的性質上就是一種由公證人代筆的遺囑，因此適法性上通常不會有問題，且經公證人公證過的文書，證據力很強，這些是公證遺囑的優點。

　　公證遺囑雖有以上好處，但缺點則是程序上較為麻煩。做公證遺囑時，要準備的文件很多，程序比較繁瑣，

---

30 民法第 1191 條。

時間也比較冗長，且必須支付公證費用。因我國的公證費是按照財產總額比例計算，不可以任意增減，若是財產比較多的話，有時公證費會很可觀。另外，公證遺囑還必須自己找二位見證人，隱密性上也會較自書遺囑略差一點。

◆ 注意重點

1. 要成立公證遺囑，首先就是要找一位公證人，我國目前的公證人制度是採雙軌制，有法院公證人和民間公證人兩種，其收費和效力都是一樣的。

2. 公證遺囑雖然已經有公證人，但法律上規定，公證遺囑還是要有二位見證人才可以，且要注意不是任何人都可以擔任遺囑見證人，若是由不得擔任見證人之人進行見證，遺囑無效。

3. 見證人見證時，必須在立遺囑過程中全程在場，不可以中途暫時離去，否則遺囑無效。

4. 見證人必須由遺囑人自己指定，所謂自己指定，並不是一定要一開始就互相認識，若是經他人介紹，而在立遺囑前有指定的意思就可以了。

5. 遺囑人因為必須在公證人面前口述遺囑意旨，因此若遺囑人已經重病而有表達上困難，或是有語言障礙者，就不能使用公證遺囑。

6. 口述遺囑意旨，限於用言詞清楚表達，所以如果是由公證人發問，然後遺囑人僅回應以「是」、「否」、「嗯」等被動回應，或是僅用點頭、搖頭、舉手等肢體方式表達，都不能算是口述，若有這些狀況，遺囑都是無效。

7. 若擔心向公證人口述遺囑意旨時說不完整，遺囑人可以預先寫好遺囑初稿，然後在公證人面前逐字口述其內容，再由公證人予以筆記後，進行宣讀講解等程序。

8. 公證人必須將遺囑的全部主要意旨予以筆記，筆

記內容不必一字不漏，只要能忠實呈現遺囑人口述的主要意思即可。

9. 公證人筆記完成後，會向遺囑人及見證人再宣讀一次並講解遺囑的內容，若有疑義或錯誤，遺囑人可立即要求更正。

10. 公證人完成遺囑書面後，遺囑人必須再次檢視確認遺囑內容有無錯誤疏漏，如果都沒有問題，就可以由公證人於遺囑上記載○年○月○日，然後由公證人、見證人、遺囑人共同在遺囑上簽名。

11. 若遺囑人因身體因素已經無法簽名，可由公證人將原因載明，使遺囑人用指印方式代替簽名，但不可用印章代替。

12. 如果是在中華民國境外的地方要立公證遺囑，若當地有我國駐外領事時，也可請求當地領事辦理。

密封遺囑

情　境

　　陳女士年輕時是個女強人，這幾年已經退休，她有四個子女，但子女之間並不和睦，因此她決定要立下遺囑，但是她擔心遺囑內容提前曝光，反增紛爭，也擔心遺囑內容寫不好，所以她請了一位熟悉法律的朋友，幫她寫好遺囑，她確認後就在遺囑上簽名，然後把遺囑裝進牛皮信封彌封起來，隔日她找了 2 位朋友去公證人那邊，請求作成密封遺囑。

　　密封遺囑是民法規定的第三種遺囑方式[31]，在五種遺囑方式中，若要兼顧保密性與公信力，密封遺囑應該是不錯的選擇，長榮集團創辦人張榮發先生就是採用此種遺囑方式。

---

31 民法第 1192 條。

　　密封遺囑的方式，就是由遺囑人自己先將遺囑內容寫好，若是自己不會寫，也可以請人代寫，寫好後再將遺囑放入信封或盒子，然後將其密封起來的一種遺囑方式。

　　密封遺囑可以讓所有的繼承人屏息等待，不到拆封的最後一刻，誰都不知道遺囑內容。

　　歷史上雍正皇帝為防止皇子奪嫡，所以先將傳位遺詔寫好密封起來，放到北京乾清宮正殿正大光明匾額後面，等將來皇帝駕崩時，再由王侯大臣把遺詔取下打開，就是一種類似密封遺囑的做法。

　　密封遺囑的優點，在於遺囑不一定要自己寫，對於不會寫字或因為身體因素不方便寫遺囑的人很便利；而且因遺囑有封緘，內容不會外洩，這些都是密封遺囑的優點。

　　不過密封遺囑仍須有兩位見證人才能作成，會比自書遺囑麻煩一點，而且會有費用產生，這些則是密封遺囑的缺點。

◆ **注意重點**

1. 密封遺囑內容可由立遺囑人自寫，也可以由他人代筆，遺囑內容用書寫或電腦打字列印都可以，相當方便，但是完成後，遺囑人一定要記得親自在遺囑上簽名，不可用印章或指印代替，否則遺囑無效。

2. 遺囑上是否要記載立遺囑日期都可以，代筆人是否有簽名也沒關係，這些都不會影響密封遺囑的效力。

3. 遺囑完成後，一定要密封起來，方法上將遺囑裝進信封、木盒、鐵盒、珠寶盒都可以，但裝進後必須要用膠水、封條、封蠟或其他方式加以封緘，程度上一定要能達到不易拆封並可阻絕窺視的效果，封緘後最好自己再檢查確認是否黏貼牢固，以免產生被提前開封的爭議。

4. 完成密封後，記得還要在封縫處再簽一次名，而且不可用印章或指印代替（常見錯誤）。

　　5. 密封遺囑一樣須指定兩位見證人，然後一起到公證人面前，由遺囑人向公證人陳述裡面是自己的遺囑，至於遺囑內容則不必告訴公證人或見證人。

　　6. 密封遺囑若是請他人代寫，一定要記得告訴公證人代寫人的姓名及住所，由公證人將之記載於封面上，否則日後筆跡對不上，將會產生爭議。

　　7. 公證人確認遺囑人身分和密封遺囑完備後，就會在封面上記明遺囑提出日期及相關陳述，最後由遺囑人、見證人、公證人一起於封面上簽名，這樣就可以完成一份密封遺囑了。

　　8. 密封遺囑若是不具備上述所定的方式，但是具備自書遺囑之方式時，仍然有自書遺囑之效力。

　　9. 密封遺囑也是要收費的，不過因為密封內容公證人也不曉得，所以密封遺囑是採用固定收費，每次費用為新台幣一千元。

代筆遺囑

情 境

　　謝先生今年已經 70 多歲了，他認為死亡本來就是生命的一部分，因此對於身後事看得很淡，他想要早點立下遺囑，把該交代的事情交代好，而他對於遺產的分配計畫比較複雜，只留一半財產給子女，其餘要成立遺囑信託，他希望利用信託來照顧老伴，另外還要定期捐款做公益，因此他委請律師來代筆遺囑，幫他草擬複雜的遺囑信託內容，他覺得花一點錢沒關係，只希望透過專業來協助他完成人生最後一個重要安排。

　　代筆遺囑是民法規定的第四種遺囑方式[32]，對於不太會寫遺囑或是遺囑內容比較複雜的人來說，代筆遺囑應該是不錯的選擇。

---

32 民法第 1194 條。

代筆遺囑其實就是找其他人來代替自己寫遺囑的方式，其本質上與公證遺囑很類似，只是代筆人是由三位見證人中指定其中一位進行筆記，因此代筆遺囑一般來說會比公證遺囑更簡單方便，費用上也會比較節省。

◆ 注意重點

1. 代筆遺囑方式與公證遺囑方式大致上相同，可以參考公證遺囑的說明，但不同的是，代筆遺囑必須要三位見證人，是各種遺囑方式中最多的一種，若一時湊不齊三個見證人時，可能就會影響到遺囑製作。

2. 見證人代筆的方式，因為目前法條規定須由見證人中之一人筆記，因此早期法院多認為筆記就是必須由見證人親自書寫才算，用電腦或打字機等方式，均不能成立代筆遺囑。但近期法院的見解則認為筆記並不拘泥用筆記錄，只要忠實呈現遺囑意旨即可，因此代筆人利用電腦、打字機或其他自動化機器完成遺囑書面後再列

印出來，都可以成立代筆遺囑[33]。

3. 遺囑內容經遺囑人確認無誤後，要記明立遺囑的日期及代筆人姓名（常遺漏），最後由全體見證人和遺囑人一起簽名，若遺囑人無法簽名，可以用指印代替，但不能用印章代替簽名（常見錯誤）。

4. 代筆遺囑的代筆人，最好要找通曉法律的人來寫比較好，這樣可以降低內容違反法令或遺囑方式錯誤的機率。

口授遺囑

情境

　　林老先生這幾年身體不好，某天早晨，他起床後突然感覺眼前一片漆黑，接下來他就不省人

---

33 最高行政法院 101 年判字第 697 號判決、高等行政法院 100 年訴字第 1867 號、司法院秘書長秘台廳民三字第 1080004305 號函、法務部法律字第 10803501680 號函、最高法院 86 年度台上字第 432 號民事判決。

事了，等到醒來時，他已經被送到醫院。

　　在醫院期間，他多數時間都是昏迷狀態，醫生告訴家屬要有心理準備，有天林先生突然醒來並向護士表示要交代後事，由於他身體虛弱，已經沒辦法書寫自己的姓名，因此護士趕快拿手機將林先生的話錄音下來。

　　口授遺囑顧名思義，就是遺囑人用口述方式，由他人將其意思筆記下來，或是用錄音方式紀錄下來的一種方式。其最大的優點是簡單方便，只要二位見證人即可完成，不用找公證人，本人也不必簽名，但缺點是公信力較低，容易發生遺囑真偽爭議。

　　由於口授遺囑製作方式比較簡單，也不用本人簽名，因此容易產生遺囑真偽爭議。所以法律上規定，必須是遺囑人發生生命危急或其他特殊情形，不能依其他方式為遺囑時，才可利用口授方式做成遺囑，平常不可以用這種遺囑方式。

　　另外，遺囑人雖有生命危急或其他特殊情形，但前

提是仍必須意識清楚，且能利用口語表達，若本人已經意識不清或無法言語完整表達，也不能使用口授遺囑。

由於口授遺囑都是在匆促狀況下做的，其真實性容易有疑義，因此法律規定，口授遺囑必須於遺囑人死亡後三個月內，由見證人中之一人或利害關係人，將遺囑提交到親屬會議認定遺囑真偽，若對會議認定結果有異議時，可向法院聲請確認[34]。

最後要注意的是，若遺囑人口授遺囑後已無生命危險，客觀上能夠依其他方式為遺囑，則口授遺囑的效力只有三個月，之後就會失效[35]。

◆ 注意重點

口授遺囑有兩種方式，分別是筆記口授與錄音口授，兩種方法與注意重點如下：

---

34 民法第 1197 條。
35 民法第 1196 條。

筆記口授

1. 遺囑人須找二個見證人，由遺囑人親自講述遺囑內容，再由見證人中之一人將遺囑內容據實作成筆記，並記明年月日，由全體見證人一起在遺囑上簽名，至於本人則不用簽名。

錄音口授

1. 口述遺囑也可用錄音方式完成，但還是需要找二位見證人，再準備一台錄音機或其他可錄音的工具（如手機或錄音筆），開始錄音後，由遺囑人將遺囑內容完整敘述一次，再錄下遺囑人自己的姓名及日期，再由見證人接著口述遺囑為真正及自己姓名。

2. 錄好以後，將錄音帶當場密封，並記明年月日，最後由見證人全體在封縫處同行簽名，即可完成口授錄音遺囑。

選擇適合自己的遺囑方法

　　了解上述各種遺囑方式後，讀者就可以從這五種遺囑方式中，選擇一種最適合自己的方式，為了方便讀者選擇，我們從方便性、隱私性、證據力、費用、修改方便度等五個面向綜合分析，讀者可以根據自己的需求選擇一種最適合的遺囑方式。

五種遺囑方式優缺點比較表

	自書遺囑	公證遺囑	密封遺囑	代筆遺囑	口授遺囑
方便性	高	低	中	中	高
隱私性	高	低	中～高	低	低
證據力	低～中	高	高	中	低
費用成本	低	高	中	低～中	低
修改方便度	高	低	低	低	低

各類遺囑適合使用對象

遺囑種類	適合使用對象
自書遺囑	對法令有基本了解可獨自完成遺囑者、重視遺囑內容隱私者、不希望花錢請律師或公證人者、可能隨時修改遺囑者。
公證遺囑	重視遺囑公信力者（擔心會有遺囑真假爭議）、願意花時間及支付較高費用給公證人者。
密封遺囑	重視遺囑內容隱私者、重視遺囑公信力者
代筆遺囑	不是很了解法律或遺囑製作方式者、遺囑內容比較複雜希望有專業人士輔助者。
口授遺囑	生命危急且無法依其他遺囑方式製作者。

第七章

遺囑保管與修改撤回

我們只有獻出生命，才能得到生命。

——泰戈爾

　　遺囑寫好後，雖然算大功告成，但接下來更重要的是遺囑保管。因為常有很多人寫完遺囑後，因遺囑保管不當或保管過當，而發生遺囑遺失、被竄改、被隱匿、被銷毀，或是繼承人不知有遺囑及找不到遺囑等情形，所以如何保管遺囑是很重要的。另外遺囑寫好後，因時間環境等各種因素變化，所以修改遺囑及撤回遺囑也是常見情況。

遺囑保管

　　遺囑保管的方式，主要有「自己保管」和「委託保管」兩種，這兩種方式各有利弊，個人適合哪一種方式，取決於各自狀況。

　　若自己身體還算健康，一般人比較會採用自己保管遺囑，因為自己保管，除了比較放心外，之後若要修改也相對方便。但要自己保管，首先必須注意遺囑存放處的安全性，因為遺囑牽涉到將來遺產的分配，對繼承人來說影響很大，所以如果把遺囑隨意置放，就可能發生被有心人隱匿竄改甚至銷毀等風險。

　　為了保護遺囑的安全，有人會將遺囑藏在很隱密的地方，例如密室、密櫃、夾層、天花板或是某本書內，但正因為放得太隱密，有時突然離世來不及交代，繼承人也不知道有遺囑或找不到這份遺囑，結果這份遺囑就靜靜地躺在某處，完全無法發揮作用。

　　因此，若要自己保管遺囑，首先建議還是要放在一個隱密安全的地方，而且只有自己或特定人可以拿取，例如家裡的保險箱，或是去銀行租用一個保險箱。然後再告訴自己信任的人，讓對方知道自己已有預立遺囑及存放處，一旦自己過世，這位信任的人就可以把遺囑拿出來公開，以避免自己突然過世而找不到遺囑或無人知悉有遺囑的情況。

　　也有些人選擇將遺囑交給他人保管，比較常見的是交給某位繼承人或是親友，也有些是交給律師保管。但要注意的是，委託保管遺囑的對象，最好不要是繼承人，因為繼承人本身就是繼承事件的直接利害關係人，若其又擔任保管人，其他繼承人可能會有所質疑。但如果沒有其他合適人選，只能交給繼承人保管時，建議可以另外寫一張委託保管書，這樣就可以證明是自己委託該繼

承人保管，以降低其他人的質疑。

　　又如果遺囑中有指定遺囑執行人時，建議最好由執行人進行保管，因為執行人兼保管人時，執行人就可以在第一時間拿出遺囑據以執行，效率上會又快又方便。

遺囑修改

　　遺囑寫好後，若想要修改其內容，依據目前法令規定，只有自書遺囑才可以進行遺囑修改，這是因為自書遺囑本來就是由遺囑人自己所完成，因此若是要修改，也是由遺囑人自己進行即可。

　　依據民法第 1190 條的規定，若是要對自書遺囑內容進行增刪塗改，應於增刪塗改完成後，另外在遺囑上註明增減塗改之處所及字數，並且另行簽名，以辨識確為遺囑人親寫。原本增刪修改的地方，法律雖然沒有規定還要簽名或蓋章，但最好也在旁邊順便簽名或蓋章，以求明確。

例如：

「本人於第四行刪除<u>由林大鳴繼承</u>等六字，增改
為<u>全部遺贈予台大醫院愛心專戶</u>等十三字。」

　　自書遺囑若是沒有按照上面的方式進行增刪修改，
法律上則不生增刪修改效力，等於沒有修改；另外，若
是增刪修改的地方太多，建議最好另外重立一份新的遺
囑，以免遺囑全文雜亂閱讀困難，甚至衍生內容爭議。

遺囑撤回

　　遺囑撤回，就是讓一份原本有效的遺囑全部或一部
分失效的意思，因為既然可以立遺囑，只要心意改變，
當然就可以廢止遺囑，這就是遺囑自由原則的一種表現。
　　由於自書遺囑可自行增刪修改內容，所以不一定要
撤回遺囑，但是公證遺囑、密封遺囑、代筆遺囑、口授
遺囑等幾種遺囑，因為當初在製作遺囑時，並非是由遺
囑人一個人所完成，因此不能由遺囑人自己修改，否則
會影響當初見證或公證的內容完整性。因此除自書遺囑

外，其他種類的遺囑若要更改內容，只能透過撤回重立的方式辦理。

遺囑撤回方式，有明示撤回及法定撤回兩種：

◆ 明示撤回

民法第 1219 條規定「遺囑人得隨時依遺囑之方式，撤回遺囑之全部或一部」。因此若要明示撤回某一份遺囑，就必須用另外一份新的遺囑來撤回原來的遺囑，至於新遺囑和原來遺囑，不一定要屬同種類遺囑，例如原來遺囑是公證遺囑，遺囑人也可以用自書遺囑撤回原來的公證遺囑。

另外，明示撤回遺囑，可以整份撤回，也可以只撤回其中一部分，若只是撤回一部分內容，必須要將撤回的部分表明清楚，否則易衍生爭議。

全部撤回範例：

「茲以本遺囑撤回本人於某年某月某日所作成之公證遺囑全部內容，有關本人遺囑均以本遺囑為準」。

一部分撤回範例：

「茲以本遺囑撤回本人於某年某月某日所作成之公證遺囑第四點有關遺贈之內容，相關遺贈事項均以本遺囑為準」。

◆ 法定撤回

有時候，遺囑人並未明示要撤回某遺囑，但是其行為卻有撤回原來遺囑的意思，情況有以下幾種：

1.前後遺囑牴觸

我國民法並未規定一人只能立一份遺囑，所以每個人都可以立很多份遺囑，若多份遺囑之間的內容並未矛盾牴觸，則每份遺囑都是有效，但若其中有牴觸的地方，就會以後立的遺囑為準，此即為「後遺囑優先原則」。

例如甲立了一份遺囑，載明要將 A 土地由長子繼承；過了一年後，甲又另外立了一份遺囑，載明要將 A 地由次子繼承，此時原來第一份遺囑有關由長子繼承 A 地的部分，即失去效力。

2.遺囑與行為牴觸

有時遺囑人立完遺囑後，並未另立新遺囑，但從其行為上，可以認為與原來遺囑有所牴觸，此時牴觸的部分也會視為撤回遺囑。

例如甲的遺囑中，載明要將 A 地贈與給乙，但是甲在生前卻又將 A 地賣掉，因賣掉之後，A 地就不可能再遺贈給乙，所以遺囑原來遺贈 A 地的部分即視為撤回。

除了以上幾種撤回方式外，還有一種擬制撤回方式，就是由遺囑人直接破毀或是塗銷遺囑，例如將遺囑撕掉或燒掉，或是在遺囑上寫「本遺囑廢棄」，然後在旁邊簽名，這樣也會讓遺囑失去效力。

遺囑定期檢視

在大多數狀況下，遺囑人不會在立完遺囑後的短時間內就過世，因此隨著時間過去，各種主客觀環境或資產狀況都可能會有變化，因此就有必要定期檢視自己的遺囑。

關於遺囑檢視，我都會鼓勵每一位立遺囑的人，可

為自己設定一個「遺囑檢視日」，由自己任選一天作為
遺囑檢視日。若沒有特殊考量，用自己生日當成遺囑檢
視日是個不錯的方式，因為生日可視為自己人生即將進
入下一個里程的指標，所以每年到了這一天，就可以把
寫好的遺囑拿出來檢視，看是否有需要修改的地方，這
樣才能確保最後遺囑的內容能完全符合自己的意思。

第八章

基本遺產稅認識

生命如同寓言，其價值不在長短，而在內容。

——塞內卡

　　寫遺囑過程中，其中一個重點就是遺產分配，若在做遺產分配時，能對遺產稅有基本認識，除可合法節稅，也可預先對遺產稅之稅源做好規劃，這樣不但可以節稅，也會讓繼承人在繼承過程中方便很多。

哪些人過世需要向國稅局申報遺產稅？

　　我國遺產稅之課稅管轄權範圍，是兼採「屬人主義」與「屬地主義」兩種立法例，因此只要是具中華民國國籍之人死亡，依據遺贈稅法第 1 條 1 項規定，就應對其在中華民國境內境外全部遺產課徵遺產稅。

　　另外，如果死亡之人係經常居住中華民國境外之中華民國國民，以及非中華民國國民死亡時，都必須對其在中華民國境內之遺產，依本法規定課徵遺產稅[36]。

　　因此凡具有以下四種身分或狀況時，就應依規定向國稅局辦理遺產稅申報：

---

36 遺贈稅法第 1 條第 2 項規定。

1. 經常居住在國內的中華民國國民死亡的時候，應該將他所遺留在國內和國外的全部財產申報遺產稅。

2. 經常居住在國外的中華民國國民和外國人死亡的時候，只要將他所遺留在我國境內的全部財產申報遺產稅。

3. 死亡事實發生前 2 年內，被繼承人自願放棄中華民國國籍，在他死亡的時候，仍然應該將他所遺留在國內和國外的全部財產申報遺產稅[37]。

4. 大陸地區的人民死亡，若在臺灣地區有財產，繼承人應就其在臺灣之財產申報遺產稅[38]。

---

37 遺產及贈與稅法第 1 條、第 3 條之 1。
38 臺灣地區與大陸地區人民關係條例第 60 條。

遺產稅課徵對象

對　象	說　明	條　文
經常居住在中華民國境內的中華民國國民	過世時，須就其在中華民國境內與境外的全部遺產，申報課徵遺產稅。	遺贈稅法第 1 條 1 項
1.非中華民國國民 2.經常居住在中華民國境外的非中華民國國民	過世時，須就其在中華民國境內的遺產，申報課徵遺產稅，至於境外財產則不需申報。	遺贈稅法第 1 條 2 項
死亡前 2 年自願喪失中華民國國籍者	過世時，須就其在中華民國境內與境外的全部遺產，申報課徵遺產稅。但若其已符合經常居住中華民國境外時，僅就中華民國境內遺產申報即可。	遺贈稅法第 3-1 條
大陸地區人民	大陸地區人民死亡，並在臺灣地區遺有財產，必須針對在臺灣地區遺留的財產，申報課徵遺產稅。	臺灣地區與大陸地區人民關係條例第 60 條

◆ 誰是遺產稅納稅義務人？

　　納稅義務人指的是要申報、繳交遺產稅的人。遺產稅的納稅義務人是有順位之分的，其順位如下：

1. 有遺囑執行人，以遺囑執行人為納稅義務人。

2. 沒有遺囑執行人，以繼承人及受遺贈人為納稅義務人。

3. 沒有遺囑執行人及繼承人，或只有受遺贈人時，以依法選定的遺產管理人為納稅義務人[39]。

哪些財產應申報遺產稅？

被繼承人死亡的時候，只要是各項有價值之財產，都應該合併申報課徵遺產稅，包含：

1. 被繼承人死亡的時候遺留的動產、不動產和其他一切有財產價值之權利，常見的例如土地、房屋、現金、股票、貴金屬、汽車、存款、骨董、公債、債權等。

2. 被繼承人死亡前 2 年內贈與給配偶和各順序繼承

---

39 遺產及贈與稅第 6 條。

人及其配偶之財產[40]。

3. 被繼承人生前訂立遺囑成立信託時，其信託財產。

4. 被繼承人為信託關係存續中之受益人時，其享有信託利益之權利未領受部分[41]。

不計入遺產總額的財產

某些財產雖然有其價值，但政府為了鼓勵公益行為或其他因素，而直接將某些種類的財產規定不必計入遺產總額，包含以下幾種：

1. 遺贈人、受遺贈人或繼承人捐贈各級政府及公立教育、文化、公益、慈善機關之財產。

2. 遺贈人、受遺贈人或繼承人捐贈公有事業機構或

---

40 遺贈稅法第 15 條。
41 遺產及贈與稅法第 3-2 條、4 條、15 條。

全部公股之公營事業之財產。

3. 遺贈人、受遺贈人或繼承人捐贈於被繼承人死亡時，已依法登記設立為財團法人組織且符合行政院規定標準之教育、文化、公益、慈善、宗教團體及祭祀公業之財產。

4. 遺產中有關文化、歷史、美術之圖書、物品，經繼承人向主管稽徵機關聲明登記者。但繼承人將此項圖書、物品轉讓時，仍須自動申報補稅。

5. 被繼承人自己創作之著作權、發明專利權及藝術品。

6. 被繼承人日常生活必需之器具及用品，其總價值在 72 萬元以下部分（本款財政部已依物價指數調整為 89 萬）。

7. 被繼承人職業上之工具，其總價值在 40 萬元以下

部分（本款財政部已依物價指數調整為 50 萬）。

8. 依法禁止或限制採伐的森林。但解禁後仍須自動申報補稅。

9. 約定於被繼承人死亡時，要給付其所指定受益人的保險金額及互助金，包含人壽保險與軍、公教人員、勞工或農民保險。

10. 被繼承人死亡前五年內，已納過遺產稅的繼承財產。

11. 經辦理登記或確有證明，被繼承人配偶及子女的原有財產或特有財產。

12. 經主管機關證明，被繼承人的遺產中有被政府闢為公眾通行道路之土地，或其他無償供公眾通行之道路土地。但其屬建造房屋應保留之法定空地部分，仍應計入遺產總額。

13. 被繼承人之債權及其他請求權不能收取或行使確有證明者 [42]。

此外，遺贈人、受遺贈人或繼承人提供財產，捐贈或加入於被繼承人死亡時已成立的公益信託並符合下列各款規定者，該財產也可不計入遺產總額：

1. 受託人為符合信託業法中所稱的信託業。

2. 除了各該公益信託因為其設立目的，所舉辦的事業產生的必須費用外，不可以任何方式對特定或可得特定之人給予特殊利益。

3. 信託行為明定信託關係解除、終止或消滅時，信託財產移轉於各級政府、有類似目的之公益法人或公益信託 [43]。

---

42 遺產及贈與稅法第 16 條。
43 遺產及贈與稅法第 16-1 條。

遺產扣除額

　　遺產扣除額就是依稅法規定，可以從遺產總額中扣除一定金額，不需繳稅的額度，目前遺產稅的扣除額項目如下：

　　1. 被繼承人遺有配偶者，自遺產總額中扣除 400 萬元（本款財政部已依物價指數調整為 493 萬）。

　　2. 繼承人為直系血親卑親屬者，每人得自遺產總額中扣除 40 萬元。其有未成年者，可以依他離屆滿成年的年數差距，每年加扣 40 萬元。但若親等近者拋棄繼承，由次親等卑親屬繼承的話，扣除的數額以拋棄繼承前原得扣除的數額為限（本款財政部已依物價指數調整為 50 萬）。

　　3. 被繼承人遺有父母者，每人得自遺產總額中扣除 100 萬元（本款財政部已依物價指數調整為 123 萬）。

4. 前三條款所定之人，如果是身心障礙者權益保障法規定之重度以上身心障礙者，或屬精神衛生法規定之嚴重病人，每人得再加扣 500 萬元（本款財政部已依物價指數調整為 618 萬）。

5. 被繼承人遺有受其扶養之兄弟姊妹、祖父母者，每人得自遺產總額中扣除 40 萬元；其兄弟姊妹中有未成年者，可以依他離屆滿成年的年數差距，每年加扣 40 萬元（本款財政部已依物價指數調整為 50 萬）。

6. 遺產中作農業使用的農業用地及其地上農作物，由繼承人或受遺贈人承受者，扣除其土地及地上農作物價值之全數。承受人自承受之日起五年內，未將該土地繼續作農業使用且未在有關機關所令期限內恢復作農業使用，或雖在有關機關所令期限內已恢復作農業使用而再有未作農業使用情事者，應追繳應納稅賦。但如因該承受人死亡、該承受土地被徵收或依法變更為非農業用地者，不在此限。

7. 被繼承人死亡前六年至九年內，已納遺產稅的繼承財產，按年遞減扣除 80%、60%、40% 及 20%。

8. 被繼承人死亡前，依法應納之各項稅捐、罰鍰及罰金。

9. 被繼承人死亡前，具有確實之證明的未償債務。

10. 被繼承人的喪葬費用，以 100 萬元計算（本款財政部已依物價指數調整為 123 萬）。

11. 執行遺囑及管理遺產之直接必要費用 [44]。

12. 若被繼承人的配偶依民法第 1030-1 條之規定，主張配偶剩餘財產差額分配請求權，納稅義務人亦得向稽徵機關申報自遺產總額中扣除 [45]。

---

44 遺產及贈與稅法第 17 條。
45 遺產及贈與稅法第 17-1 條。

13. 若遺產中有公共設施保留地，因繼承而移轉者，也可以申請免徵遺產稅[46]。

遺產稅免稅額

免稅額就是依稅法規定，可以自遺產總額中一定額度予以免稅，而不用課徵遺產稅的額度，只要遺產總額在這個範圍之內，都不用繳納遺產稅。

我國目前遺產稅免稅額，自 111 年 1 月 1 日起調高為 1,333 萬元（原為 1,200 萬元），如果被繼承人是軍、警、公教人員且因執行任務死亡，還可以加倍扣除[47]。

◆ 扣抵稅額

扣抵稅額係指可以從遺產稅額中扣掉之金額，其情形有下列兩種：

---

46 都市計畫法第 50-1 條。
47 遺產及贈與稅法第 18 條。

1. 被繼承人在國外之財產，依財產所在地國法律已納之遺產稅，納稅義務人檢附有關證明文件經審核調查屬實者，得自遺產稅額中扣抵，但扣抵額不得超過因加計該項國外遺產，而依國內適用稅率計算增加之應納稅額。

2. 被繼承人死亡前 2 年內贈與的財產，若依遺產及贈與稅法第 15 條規定應併入遺產稅來計算，應將已經繳納的贈與稅與土地增值稅，連同按郵政儲金匯業局 1 年期定期存款利率計算（自贈與稅繳納之次日至遺產稅申報日止）之利息，自應納遺產稅額內扣抵，但扣抵額不得超過贈與財產併計遺產總額後增加之應納稅額[48]。

◆ 遺產稅應納稅額如何計算？

遺產稅的應納稅額，是依據被繼承人的遺產總額減除免稅額及各項扣除額後，算出課稅遺產淨額，再以淨額乘以稅率，若有累進差額及可扣抵的稅額，可再予以

---

48 遺贈稅法第 11 條。

扣除，最後即可算出應納稅額。

計算方式：

1. 先加總各種遺產總額（包含各種動產、不動產、有價證券等其他財產、被繼承人死亡前 2 年內贈與配偶及繼承人及其配偶之財產）。

2. 算出全部扣除額（例如，配偶扣除額、直系血親卑親屬扣除額、喪葬扣除額等）。

3. 求出課稅遺產淨額。

遺產總額－免稅額－扣除額＝課稅遺產淨額

4. 乘上對應稅率（若有累進差額及扣抵稅額及利息先再予扣除）。

課稅遺產淨額 × 稅率－累進差額－扣抵稅額及利息＝應納遺產稅額

遺產稅稅率表

遺產淨額（元）	稅率	累進差額（元）
50,000,000 以下	10%	0
50,000,001-100,000,000	15%	2,500,000
100,000,001 以上	20%	7,500,000

　　※遺產稅財產價值的計算，原則是以被繼承人死亡時之時價為準，所謂時價，不一定是市價；如果是土地，則以公告土地現值或評定標準價格為準；至於房屋則以評定標準價格為準；其他財產時價之估定，由財政部定之。（遺贈稅法第 10 條）

　　以下舉例幫助讀者了解：

　　王先生過世後，留下了 2 筆土地，依公告土地現值計算價值約 3000 萬，另有存款 600 萬及銀行貸款 300 萬，他有 1 個配偶和 3 個成年子女，母親尚未過世，請問王先生過世之後，需要繳多少遺產稅？

　　算法如下：

Step1：先算出王先生的遺產總額

3000 萬（不動產）＋ 600 萬（存款）－ 300
萬（負債）＝ 3300 萬

Step2：計算扣除額

扣除額項目	扣除金額
配偶扣除額	493 萬
子女扣除額	150 萬（3 位）
父母扣除額	123 萬
喪葬費扣除額	123 萬
總計	889 萬

Step3：計算課稅遺產淨額（遺產總額－免稅額－扣
除額）

3300 萬（資產總額）－ 1333 萬（免稅額）
－ 889 萬（扣除額）＝ 1078 萬

Step4：乘上對應稅率

1078 萬 ×10％＝ 107.8 萬

如何合法節省遺產稅？

一、運用協議分割方式分配遺產，善用繼承人扣除額

　　有時候，各繼承人之間會因為某些因素，而決定將遺產由某位繼承人全部繼承或繼承大部分遺產，又或是因為父母其中一方過世，另一位父母考慮自己年紀也大了，乾脆就拋棄繼承，讓子女繼承全部遺產，以免日後麻煩或還要再課一次稅。

　　但這樣一來，就會失去各繼承人原本可享有之扣除額利益，尤其是配偶有 493 萬的扣除額，節稅效益很高，因此若有此一狀況，建議可以利用協議分割遺產之方式，讓其他繼承人僅象徵性繼承一部分遺產，這樣就可以享有各繼承人的扣除額利益，而且即便分配結果相差懸殊，國稅局也不會認定有贈與稅的問題（財政部 67 年 8 月 8 日台財稅第 35311 號函）。

　　舉例來說：

　　林君於 111 年 6 月 7 日死亡，配偶尚未過世，林君

有4個子女，皆已成年，但長男照顧母親且負責家族企業，因此幾位兄弟姊妹決定要將遺產都留給大哥繼承。假設林君資產總額為3800萬，若其他繼承人（一）都拋棄繼承，（二）利用協議分割方式繼承，以上兩種狀況，其遺產稅會差多少？

分析如下：

（一）若其他繼承人都拋棄繼承時：

Step1：遺產總額：3800萬元

Step2：計算扣除額

扣除項目	扣除金額
子女扣除額	50萬（1位）
喪葬費扣除額	123萬
總計	173萬

Step3：計算課稅遺產淨額（遺產總額－免稅額－扣除額）

3800萬－1333萬－173萬＝2294萬元

Step4：乘上對應稅率

2294 萬元 ×10％＝ 229.4 萬

（二）全體繼承人皆繼承，再以協議分割遺產方式由長男繼承

Step1：遺產總額：3800 萬元

Step2：計算扣除額

扣除項目	扣除金額
配偶扣除額	493 萬
子女扣除額	200 萬（4 位）
喪葬費扣除額	123 萬
總計	816 萬

Step3：計算課稅遺產淨額（遺產總額－免稅額－扣除額）

3800 萬－ 1333 萬－ 816 萬＝ 1651 萬元

Step4：乘上對應稅率

1651 萬元 ×10％＝ 165.1 萬

結論：兩種方式稅額差距為 64.3 萬

遺 產 分 割 協 議 書 (範例)

　　立協議書人汪大明、汪二明、汪三明等三人係被繼承人汪大山之合法繼承人，被繼承人於民國 111 年 2 月 5 日死亡，其所遺留之遺產經立協議書人一致同意以下列方式分割遺產，特立此協議書為證並據以辦理繼承登記：

　　土地：

　　1. 台北市大安區大安段二小段 182 地號，權利範圍：2 分之 1，由汪大明繼承。

　　2. 台北市大安區大安段三小段 026 地號，權利範圍：3 分之 1，由汪二明繼承。

　　建物：

　　1. 台北市大同區文昌段二小段 126 地號 ※ 建號 523（門牌：台北市大同區 OO 路 192 號 1 樓），權利範圍：1 分之 1，由汪三明繼承。

　　立協議書人即全體繼承人：汪大明

　　　　　　　　　　　　　　汪二明

　　　　　　　　　　　　　　汪三明

中 華 民 國　OOO　年　O 月　O 日

二、善用每年贈與稅免稅額及婚嫁贈與節稅

依遺贈稅法第 22 條之規定，每人每年都有 220 萬元的贈與稅免稅額（財政部於 111 年 1 月 1 日起已依物價指數調整為 244 萬），因此若父母有預先規劃，就可以利用每年的贈與稅免稅額，逐漸移轉財產給下一代，越早規劃移轉，將來可以節省的遺產稅就越多，如果有配偶的話，還可以利用夫妻贈與免稅的優點，先贈與財產給配偶後，再由雙方分別贈與給子女，幾年下來的節稅效果，應該會很可觀，若是擔心子女揮霍或挪用，則可以考慮設立一個信託帳戶，規定一定期限或子女在幾歲之前不可動用，以確保財產的安全。

另外，因子女嫁娶而贈與財產價值在 100 萬元之內，依法也可以免贈與稅，若父母雙方皆有贈與，就可以有 200 萬的婚嫁免稅額度。

父母贈與子女財物，並不限銀行存款，也可贈與土地房屋，只不過贈與不動產時，要考慮將來高額的房地合一稅問題，所以若能贈與現金，再由子女用現金去購買不動產，日後比較不會有房地合一稅的問題。

以下舉例，幫助讀者了解：

案 例

陳先生有 5000 萬元的存款，他和太太生了 2
個子女，假設陳先生於 10 年後過世，依以下三種
狀況，陳先生的繼承人應繳納之遺產稅各是多少？

1. 陳先生沒有做任何分年贈與

2. 陳先生分年贈與子女 244 萬

3. 陳先生每年先贈與太太 244 萬，然後夫妻
再分別贈與子女 244 萬

以上三種情況的遺產稅解析：

本件陳先生遺產總額 5000 萬，扣除額為 716
萬元（卑親屬扣除額 100 萬＋配偶扣除額 493 萬＋
喪葬費扣除額 123 萬）。

1.陳先生沒有做任何分年贈與

課稅遺產淨額：5000 萬－ 1333 萬－ 716 萬
＝ 2951 萬元

應納遺產稅額＝ 2951 萬元 ×10％＝ 295.1 萬

2.陳先生分年贈與子女 244 萬

遺產總額：5000 萬－（244 萬 ×10 年）＋
（244 萬 ×2）＝ 3048 萬
（註：死亡前兩年贈與法定繼承人之財產仍
應併計遺產總額課稅）
課稅遺產淨額：3048 萬－ 1333 萬－ 716 萬
＝ 999 萬元
陳先生之遺產稅為 999 萬 ×10%＝ 99.9 萬

3.陳先生每年先贈與太太 244 萬，然後夫妻一
起分別再贈與子女 244 萬
5000 萬－（244 萬 ×10 年）＝ 2560 萬（贈
與太太 10 年之金額）
2560 萬－（244 萬 ×10 年）＝ 120 萬（每
年贈與子女後剩餘之金額）
遺產總額：120 萬＋（244×4）＝ 1096 萬
（註：死亡前兩年贈與法定繼承人之財產仍
應併計遺產總額課稅）
課稅遺產淨額：1096 萬－ 1333 萬－ 716 萬

＝－953 萬元

陳先生之遺產稅為 0 元

　　由上面三種狀況可以看出，有無利用每年免稅額分年贈與及夫妻贈與免稅，最後應繳之遺產稅差距最大可達 295.1 萬之鉅。

三、購買農業用地

　　台灣農地自從買賣自由化之後，流通性其實與一般土地並無太大差異，依據農業發展條例第 38 條第 1、2 項暨遺產及贈與稅法第 17 條 1 項 6 款等規定，農地只要有供農業使用並申請核發農用證明，在繼承時都可以免徵遺產稅，因此若是在做遺產稅規劃時，將部分現金資產轉換為農地，並且繼續保持農用狀態，不論這些農地的價值多少，將來都可以免徵遺產稅，因此不失為節稅的好標的。

　　不過要注意的是，為了防止繼承人於享受免稅優惠後卻違規使用甚至廢耕，以致失去租稅獎勵目的，因此在遺贈稅法第 17 條 1 項 6 款後段有規定，若承受人自承受之日起五年內，未將該土地繼續作農業使用或是出售，都會被追繳遺產稅。

四、購買人壽保險

　　依據保險法第 112 條規定「保險金額約定於被保險人死亡時給付於其所指定之受益人者，其金額不得作為被保險人之遺產」、遺贈稅法第 16 條 1 項 9 款「約定於被繼承人死亡時，給付其所指定受益人之人壽保險金額、軍、公教人員、勞工或農民保險之保險金額及互助金」等規定，因此若是生前購買約定以被保險人死亡為給付原因的人壽保險，其保險給付都可以不計入遺產總額，因此也可以達到節省遺產稅的效果。

　　但是要用保險節省遺產稅，應注意以下幾點：

　　1. 必須是國內壽險公司合法保單，且要保人、被保險人必須為同一人，並在保單上要明確指定受益人，否

則仍會被計入遺產。

2. 宜及早投保，若是重病期間投保，或是躉繳保費、舉債投保、高齡投保、密集投保、保險給付低於或等於已繳保費等狀況，國稅局可能會認為是故意規避遺產稅之惡意投保，將會依實質課稅原則而仍計入遺產總額課稅。

3. 若保險期間始日在 95 年 1 月 1 日以後，依據所得基本稅額條例第 12 條 1 項 2 款的規定，其受益人與要保人非屬同一人的人壽保險和年金保險，其中屬於死亡給付部分，每一申報戶全年合計數在 3330 萬元以下免予計入基本所得額；但超過新臺幣 3330 萬元以上時，其扣除新臺幣 3330 萬元後之餘額仍須計入基本所得額。

五、善用剩餘財產分配請求權

我國民法有規定所謂「配偶剩餘財產差額分配請求

權」[49]，這個請求權讓夫妻任何一方，在法定財產制關係消滅時（例如一方死亡、離婚），夫或妻現存之婚後財產，於扣除婚後債務後如有剩餘，則財產少的一方就可以向財產多的一方請求雙方財產差額的一半。

依據遺贈稅法第 17-1 條「被繼承人之配偶依民法第一千零三十條之一規定主張配偶剩餘財產差額分配請求權者，納稅義務人得向稽徵機關申報自遺產總額中扣除」，因此若是夫妻其中一方婚後財產很多，而另一方很少，此時因雙方財產差額扣除額很高，所以在節稅效果上是很可觀的。但若雙方婚後財產差異不大，則節稅效果就不會很高。

要注意的是，納稅義務人一定要記得，在稽徵機關核發稅款繳清證明書或免稅證明書當日起的一年內，將相當於扣除金額的財產實際交付給生存配偶，才不會被要求補稅。遺產及贈與稅法第 17-1 條第 2 項亦有規定，「納稅義務人未於稽徵機關核發稅款繳清證明書或免稅證明書之日起一年內，給付該請求權金額之財產予被繼承人之配偶者，稽徵機關應於前述期間屆滿之翌日起五

---

49 民法第 1030-1 條。

年內，就未給付部分追繳應納稅賦」。至於交付後，生
存配偶可再利用合法方式或分年贈與，降低未來過世後
課稅遺產總額，這樣才能達到最大的節稅效果。

以下舉例：

案 例

　　陳先生上星期突然過世，他留下 6000 萬的遺
產，這些遺產都是他和太太婚後努力打拚留下來
的，他有 3 個兒子，均已成年，陳太太名下只有
200 萬的存款，在本案件中，陳太太未行使和有行
使配偶剩餘財產差額分配請求權，應繳之遺產稅
有何不同？

（一）未行使剩餘財產分配請求權時：
　　Step1：陳先生的遺產總額為 6000 萬
　　Step2：計算扣除額

扣除項目	扣除金額
配偶扣除額	493 萬
子女扣除額	150 萬（3 位）
喪葬費扣除額	123 萬
總計	766 萬

Step3：計算課稅遺產淨額

（遺產總額－免稅額－扣除額）

6000 萬（遺產總額）－ 1333 萬（免稅額）

－ 766 萬（扣除額）＝ 3901 萬

Step4：乘上對應稅率

3901 萬 ×10％＝ 390.1 萬

（二）有行使剩餘財產分配請求權時：

Step1：陳先生的遺產總額為 6000 萬

Step2：計算扣除額

扣除項目	扣除金額
請求扣除剩餘財產差額	2900 萬 ※（6000 萬 -200 萬）÷2
配偶扣除額	493 萬
子女扣除額	150 萬（3 位）
喪葬費扣除額	123 萬
總計	3666 萬

Step3：計算課稅遺產淨額

（遺產總額－免稅額－扣除額）

6000 萬（遺產總額）－ 1333 萬（免稅額）

－ 3666 萬（扣除額）＝ 1001 萬

Step4：乘上對應稅率

1001 萬 ×10％＝ 100.1 萬

由以上兩種計算結果，若陳太太有行使剩餘財產分配請求權時，其稅額差距為 390.1 萬－ 100.1 萬＝ 290 萬。

附錄 1　民法繼承條文

第一章　遺產繼承人	
第 1138 條	遺產繼承人，除配偶外，依左列順序定之： 一、直系血親卑親屬。 二、父母。 三、兄弟姊妹。 四、祖父母。
第 1139 條	前條所定第一順序之繼承人，以親等近者為先。
第 1140 條	第一千一百三十八條所定第一順序之繼承人，有於繼承開始前死亡或喪失繼承權者，由其直系血親卑親屬代位繼承其應繼分。
第 1141 條	同一順序之繼承人有數人時，按人數平均繼承。但法律另有規定者，不在此限。
第 1142 條	（刪除）
第 1143 條	（刪除）
第 1144 條	配偶有相互繼承遺產之權，其應繼分，依左列各款定之： 一、與第一千一百三十八條所定第一順序之繼承人同為繼承時，其應繼分與他繼承人平均。 二、與第一千一百三十八條所定第二順序或第三順序之繼承人同為繼承時，其應繼分為遺產二分之一。 三、與第一千一百三十八條所定第四順序之繼承人同為繼承時，其應繼分為遺產三分之二。 四、無第一千一百三十八條所定第一順序至第四順序之繼承人時，其應繼分為遺產全部。

第 1145 條	有左列各款情事之一者，喪失其繼承權： 一、故意致被繼承人或應繼承人於死或雖未致死因而受刑之宣告者。 二、以詐欺或脅迫使被繼承人為關於繼承之遺囑，或使其撤回或變更之者。 三、以詐欺或脅迫妨害被繼承人為關於繼承之遺囑，或妨害其撤回或變更之者。 四、偽造、變造、隱匿或湮滅被繼承人關於繼承之遺囑者。 五、對於被繼承人有重大之虐待或侮辱情事，經被繼承人表示其不得繼承者。 前項第二款至第四款之規定，如經被繼承人宥恕者，其繼承權不喪失。
第 1146 條	繼承權被侵害者，被害人或其法定代理人得請求回復之。 前項回復請求權，自知悉被侵害之時起，二年間不行使而消滅；自繼承開始時起逾十年者亦同。

第二章　遺產之繼承

第一節　效力

第 1147 條	繼承，因被繼承人死亡而開始。
第 1148 條	繼承人自繼承開始時，除本法另有規定外，承受被繼承人財產上之一切權利、義務。但權利、義務專屬於被繼承人本身者，不在此限。 繼承人對於被繼承人之債務，以因繼承所得遺產為限，負清償責任。
第 1148-1 條	繼承人在繼承開始前二年內，從被繼承人受有財產之贈與者，該財產視為其所得遺產。 前項財產如已移轉或滅失，其價額，依贈與時之價值計算。
第 1149 條	繼承人在繼承開始前二年內，從被繼承人受有財產之贈與者，該財產視為其所得遺產。 前項財產如已移轉或滅失，其價額，依贈與時之價值計算。
第 1150 條	關於遺產管理、分割及執行遺囑之費用，由遺產中支付之。但因繼承人之過失而支付者，不在此限。

第 1151 條	繼承人有數人時，在分割遺產前，各繼承人對於遺產全部為公同共有。
第 1152 條	前條公同共有之遺產，得由繼承人中互推一人管理之。
第 1153 條	繼承人對於被繼承人之債務，以因繼承所得遺產為限，負連帶責任。 繼承人相互間對於被繼承人之債務，除法律另有規定或另有約定外，按其應繼分比例負擔之。
第二節（刪除）	
第 1154 條	繼承人對於被繼承人之權利、義務，不因繼承而消滅。
第 1155 條	（刪除）
第 1156 條	繼承人於知悉其得繼承之時起三個月內開具遺產清冊陳報法院。 前項三個月期間，法院因繼承人之聲請，認為必要時，得延展之。 繼承人有數人時，其中一人已依第一項開具遺產清冊陳報法院者，其他繼承人視為已陳報。
第 1156-1 條	債權人得向法院聲請命繼承人於三個月內提出遺產清冊。 法院於知悉債權人以訴訟程序或非訟程序向繼承人請求清償繼承債務時，得依職權命繼承人於三個月內提出遺產清冊。 前條第二項及第三項規定，於第一項及第二項情形，準用之。
第 1157 條	繼承人依前二條規定陳報法院時，法院應依公示催告程序公告，命被繼承人之債權人於一定期限內報明其債權。 前項一定期限，不得在三個月以下。
第 1158 條	繼承人在前條所定之一定期限內，不得對於被繼承人之任何債權人償還債務。

第 1159 條	在第一千一百五十七條所定之一定期限屆滿後，繼承人對於在該一定期限內報明之債權及繼承人所已知之債權，均應按其數額，比例計算，以遺產分別償還。但不得害及有優先權人之利益。 繼承人對於繼承開始時未屆清償期之債權，亦應依第一項規定予以清償。 前項未屆清償期之債權，於繼承開始時，視為已到期。其無利息者，其債權額應扣除自第一千一百五十七條所定之一定期限屆滿時起至到期時止之法定利息。
第 1160 條	繼承人非依前條規定償還債務後，不得對受遺贈人交付遺贈。
第 1161 條	繼承人違反第一千一百五十八條至第一千一百六十條之規定，致被繼承人之債權人受有損害者，應負賠償之責。 前項受有損害之人，對於不當受領之債權人或受遺贈人，得請求返還其不當受領之數額。 繼承人對於不當受領之債權人或受遺贈人，不得請求返還其不當受領之數額。
第 1162 條	被繼承人之債權人，不於第一千一百五十七條所定之一定期限內報明其債權，而又為繼承人所不知者，僅得就賸餘遺產，行使其權利。
第 1162-1 條	繼承人未依第一千一百五十六條、第一千一百五十六條之一開具遺產清冊陳報法院者，對於被繼承人債權人之全部債權，仍應按其數額，比例計算，以遺產分別償還。但不得害及有優先權人之利益。 前項繼承人，非依前項規定償還債務後，不得對受遺贈人交付遺贈。 繼承人對於繼承開始時未屆清償期之債權，亦應依第一項規定予以清償。 前項未屆清償期之債權，於繼承開始時，視為已到期。其無利息者，其債權額應扣除自清償時起至到期時止之法定利息。

第 1162-2 條	繼承人違反第一千一百六十二條之一規定者，被繼承人之債權人得就應受清償而未受償之部分，對該繼承人行使權利。 繼承人對於前項債權人應受清償而未受償部分之清償責任，不以所得遺產為限。但繼承人為無行為能力人或限制行為能力人，不在此限。 繼承人違反第一千一百六十二條之一規定，致被繼承人之債權人受有損害者，亦應負賠償之責。 前項受有損害之人，對於不當受領之債權人或受遺贈人，得請求返還其不當受領之數額。 繼承人對於不當受領之債權人或受遺贈人，不得請求返還其不當受領之數額。
第 1163 條	繼承人中有下列各款情事之一者，不得主張第一千一百四十八條第二項所定之利益： 一、隱匿遺產情節重大。 二、在遺產清冊為虛偽之記載情節重大。 三、意圖詐害被繼承人之債權人之權利而為遺產之處分。
第三節　遺產之分割	
第 1164 條	繼承人得隨時請求分割遺產。但法律另有規定或契約另有訂定者，不在此限。
第 1165 條	被繼承人之遺囑，定有分割遺產之方法，或託他人代定者，從其所定。 遺囑禁止遺產之分割者，其禁止之效力以十年為限。
第 1166 條	胎兒為繼承人時，非保留其應繼分，他繼承人不得分割遺產。 胎兒關於遺產之分割，以其母為代理人。
第 1167 條	（刪除）
第 1168 條	遺產分割後，各繼承人按其所得部分，對於他繼承人因分割而得之遺產，負與出賣人同一之擔保責任。

第 1169 條	遺產分割後，各繼承人按其所得部分，對於他繼承人因分割而得之債權，就遺產分割時債務人之支付能力，負擔保之責。 前項債權，附有停止條件或未屆清償期者，各繼承人就應清償時債務人之支付能力，負擔保之責。
第 1170 條	依前二條規定負擔保責任之繼承人中，有無支付能力不能償還其分擔額者，其不能償還之部分，由有請求權之繼承人與他繼承人，按其所得部分比例分擔之。但其不能償還，係由有請求權人之過失所致者，不得對於他繼承人請求分擔。
第 1171 條	遺產分割後，其未清償之被繼承人之債務，移歸一定之人承受，或劃歸各繼承人分擔，如經債權人同意者，各繼承人免除連帶責任。 繼承人之連帶責任，自遺產分割時起，如債權清償期在遺產分割後者，自清償期屆滿時起，經過五年而免除。
第 1172 條	繼承人中如對於被繼承人負有債務者，於遺產分割時，應按其債務數額，由該繼承人之應繼分內扣還。
第 1173 條	繼承人中有在繼承開始前因結婚、分居或營業，已從被繼承人受有財產之贈與者，應將該贈與價額加入繼承開始時被繼承人所有之財產中，為應繼遺產。但被繼承人於贈與時有反對之意思表示者，不在此限。 前項贈與價額，應於遺產分割時，由該繼承人之應繼分中扣除。 贈與價額，依贈與時之價值計算。
第四節　繼承之拋棄	
第 1174 條	繼承人得拋棄其繼承權。 前項拋棄，應於知悉其得繼承之時起三個月內，以書面向法院為之。 拋棄繼承後，應以書面通知因其拋棄而應為繼承之人。但不能通知者，不在此限。
第 1175 條	繼承之拋棄，溯及於繼承開始時發生效力。

第 1176 條	第一千一百三十八條所定第一順序之繼承人中有拋棄繼承權者，其應繼分歸屬於其他同為繼承之人。 第二順序至第四順序之繼承人中，有拋棄繼承權者，其應繼分歸屬於其他同一順序之繼承人。 與配偶同為繼承之同一順序繼承人均拋棄繼承權，而無後順序之繼承人時，其應繼分歸屬於配偶。 配偶拋棄繼承權者，其應繼分歸屬於與其同為繼承之人。 第一順序之繼承人，其親等近者均拋棄繼承權時，由次親等之直系血親卑親屬繼承。 先順序繼承人均拋棄其繼承權時，由次順序之繼承人繼承。其次順序繼承人有無不明或第四順序之繼承人均拋棄其繼承權者，準用關於無人承認繼承之規定。 因他人拋棄繼承而應為繼承之人，為拋棄繼承時，應於知悉其得繼承之日起三個月內為之。
第 1176-1 條	拋棄繼承權者，就其所管理之遺產，於其他繼承人或遺產管理人開始管理前，應與處理自己事務為同一之注意，繼續管理之。
第五節　無人承認之繼承	
第 1177 條	繼承開始時，繼承人之有無不明者，由親屬會議於一個月內選定遺產管理人，並將繼承開始及選定遺產管理人之事由，向法院報明。
第 1178 條	親屬會議依前條規定為報明後，法院應依公示催告程序，定六個月以上之期限，公告繼承人，命其於期限內承認繼承。 無親屬會議或親屬會議未於前條所定期限內選定遺產管理人者，利害關係人或檢察官，得聲請法院選任遺產管理人，並由法院依前項規定為公示催告。
第 1178-1 條	繼承開始時繼承人之有無不明者，在遺產管理人選定前，法院得因利害關係人或檢察官之聲請，為保存遺產之必要處置。

第 1179 條	遺產管理人之職務如左： 一、編製遺產清冊。 二、為保存遺產必要之處置。 三、聲請法院依公示催告程序，限定一年以上之期間，公告被繼承人之債權人及受遺贈人，命其於該期間內報明債權及為願受遺贈與否之聲明，被繼承人之債權人及受遺贈人為管理人所已知者，應分別通知之。 四、清償債權或交付遺贈物。 五、有繼承人承認繼承或遺產歸屬國庫時，為遺產之移交。 前項第一款所定之遺產清冊，管理人應於就職後三個月內編製之；第四款所定債權之清償，應先於遺贈物之交付，為清償債權或交付遺贈物之必要，管理人經親屬會議之同意，得變賣遺產。
第 1180 條	遺產管理人，因親屬會議，被繼承人之債權人或受遺贈人之請求，應報告或說明遺產之狀況。
第 1181 條	遺產管理人非於第一千一百七十九條第一項第三款所定期間屆滿後，不得對被繼承人之任何債權人或受遺贈人，償還債務或交付遺贈物。
第 1182 條	被繼承人之債權人或受遺贈人，不於第一千一百七十九條第一項第三款所定期間內為報明或聲明者，僅得就賸餘遺產，行使其權利。
第 1183 條	遺產管理人得請求報酬，其數額由法院按其與被繼承人之關係、管理事務之繁簡及其他情形，就遺產酌定之，必要時，得命聲請人先為墊付。
第 1184 條	第一千一百七十八條所定之期限內，有繼承人承認繼承時，遺產管理人在繼承人承認繼承前所為之職務上行為，視為繼承人之代理。
第 1185 條	第一千一百七十八條所定之期限屆滿，無繼承人承認繼承時，其遺產於清償債權並交付遺贈物後，如有賸餘，歸屬國庫。

第三章　遺囑	
第一節　通則	
第 1186 條	無行為能力人，不得為遺囑。 限制行為能力人，無須經法定代理人之允許，得為遺囑。但未滿十六歲者，不得為遺囑。
第 1187 條	遺囑人於不違反關於特留分規定之範圍內，得以遺囑自由處分遺產。
第 1188 條	第一千一百四十五條喪失繼承權之規定，於受遺贈人準用之。
第二節　方式	
第 1189 條	遺囑應依左列方式之一為之： 一、自書遺囑。 二、公證遺囑。 三、密封遺囑。 四、代筆遺囑。 五、口授遺囑。
第 1190 條	自書遺囑者，應自書遺囑全文，記明年、月、日，並親自簽名；如有增減、塗改，應註明增減、塗改之處所及字數，另行簽名。
第 1191 條	公證遺囑，應指定二人以上之見證人，在公證人前口述遺囑意旨，由公證人筆記、宣讀、講解，經遺囑人認可後，記明年、月、日，由公證人、見證人及遺囑人同行簽名，遺囑人不能簽名者，由公證人將其事由記明，使按指印代之。 前項所定公證人之職務，在無公證人之地，得由法院書記官行之，僑民在中華民國領事駐在地為遺囑時，得由領事行之。

第 1192 條	密封遺囑，應於遺囑上簽名後，將其密封，於封縫處簽名，指定二人以上之見證人，向公證人提出，陳述其為自己之遺囑，如非本人自寫，並陳述繕寫人之姓名、住所，由公證人於封面記明該遺囑提出之年、月、日及遺囑人所為之陳述，與遺囑人及見證人同行簽名。 前條第二項之規定，於前項情形準用之。
第 1193 條	密封遺囑，不具備前條所定之方式，而具備第一千一百九十條所定自書遺囑之方式者，有自書遺囑之效力。
第 1194 條	代筆遺囑，由遺囑人指定三人以上之見證人，由遺囑人口述遺囑意旨，使見證人中之一人筆記、宣讀、講解，經遺囑人認可後，記明年、月、日及代筆人之姓名，由見證人全體及遺囑人同行簽名，遺囑人不能簽名者，應按指印代之。
第 1195 條	遺囑人因生命危急或其他特殊情形，不能依其他方式為遺囑者，得依左列方式之一為口授遺囑： 一、由遺囑人指定二人以上之見證人，並口授遺囑意旨，由見證人中之一人，將該遺囑意旨，據實作成筆記，並記明年、月、日，與其他見證人同行簽名。 二、由遺囑人指定二人以上之見證人，並口述遺囑意旨、遺囑人姓名及年、月、日，由見證人全體口述遺囑之為真正及見證人姓名，全部予以錄音，將錄音帶當場密封，並記明年、月、日，由見證人全體在封縫處同行簽名。
第 1196 條	口授遺囑，自遺囑人能依其他方式為遺囑之時起，經過三個月而失其效力。
第 1197 條	口授遺囑，應由見證人中之一人或利害關係人，於為遺囑人死亡後三個月內，提經親屬會議認定其真偽，對於親屬會議之認定如有異議，得聲請法院判定之。

第 1198 條	下列之人，不得為遺囑見證人： 一、未成年人。 二、受監護或輔助宣告之人。 三、繼承人及其配偶或其直系血親。 四、受遺贈人及其配偶或其直系血親。 五、為公證人或代行公證職務人之同居人助理人或受僱人。
第三節　效力	
第 1199 條	遺囑自遺囑人死亡時發生效力。
第 1200 條	遺囑所定遺贈，附有停止條件者，自條件成就時，發生效力。
第 1201 條	受遺贈人於遺囑發生效力前死亡者，其遺贈不生效力。
第 1202 條	遺囑人以一定之財產為遺贈，而其財產在繼承開始時，有一部分不屬於遺產者，其一部分遺贈為無效；全部不屬於遺產者，其全部遺贈為無效。但遺囑另有意思表示者，從其意思。
第 1203 條	遺囑人因遺贈物滅失、毀損、變造、或喪失物之占有，而對於他人取得權利時，推定以其權利為遺贈；因遺贈物與他物附合或混合而對於所附合或混合之物取得權利時亦同。
第 1204 條	以遺產之使用、收益為遺贈，而遺囑未定返還期限，並不能依遺贈之性質定其期限者，以受遺贈人之終身為其期限。
第 1205 條	遺贈附有義務者，受遺贈人以其所受利益為限，負履行之責。
第 1206 條	受遺贈人在遺囑人死亡後，得拋棄遺贈。 遺贈之拋棄，溯及遺囑人死亡時發生效力
第 1207 條	繼承人或其他利害關係人，得定相當期限，請求受遺贈人於期限內為承認遺贈與否之表示；期限屆滿，尚無表示者，視為承認遺贈。
第 1208 條	遺贈無效或拋棄時，其遺贈之財產，仍屬於遺產。

第四節 執行	
第 1209 條	遺囑人得以遺囑指定遺囑執行人,或委託他人指定之。 受前項委託者,應即指定遺囑執行人,並通知繼承人。
第 1210 條	未成年人、受監護或輔助宣告之人,不得為遺囑執行人。
第 1211 條	遺囑未指定遺囑執行人,並未委託他人指定者,得由親屬會議選定之;不能由親屬會議選定時,得由利害關係人聲請法院指定之。
第 1211-1 條	除遺囑人另有指定外,遺囑執行人就其職務之執行,得請求相當之報酬,其數額由繼承人與遺囑執行人協議定之;不能協議時,由法院酌定之。
第 1212 條	遺囑保管人知有繼承開始之事實時,應即將遺囑交付遺囑執行人,並以適當方法通知已知之繼承人;無遺囑執行人者,應通知已知之繼承人、債權人、受遺贈人及其他利害關係人。無保管人而由繼承人發現遺囑者,亦同。
第 1213 條	有封緘之遺囑,非在親屬會議當場或法院公證處,不得開視。 前項遺囑開視時,應製作紀錄,記明遺囑之封緘有無毀損情形,或其他特別情事,並由在場之人同行簽名。
第 1214 條	遺囑執行人就職後,於遺囑有關之財產,如有編製清冊之必要時,應即編製遺產清冊,交付繼承人。
第 1215 條	遺囑執行人有管理遺產,並為執行上必要行為之職務。 遺囑執行人因前項職務所為之行為,視為繼承人之代理。
第 1216 條	繼承人於遺囑執行人執行職務中,不得處分與遺囑有關之遺產,並不得妨礙其職務之執行。
第 1217 條	遺囑執行人有數人時,其執行職務,以過半數決之。但遺囑另有意思表示者,從其意思。
第 1218 條	遺囑執行人怠於執行職務,或有其他重大事由時,利害關係人,得請求親屬會議改選他人;其由法院指定者,得聲請法院另行指定。
第五節 撤回	
第 1219 條	遺囑人得隨時依遺囑之方式,撤回遺囑之全部或一部。
第 1220 條	前後遺囑有相牴觸者,其牴觸之部分,前遺囑視為撤回。

第 1221 條	遺囑人於為遺囑後所為之行為與遺囑有相牴觸者，其牴觸部分，遺囑視為撤回。
第 1222 條	遺囑人故意破毀或塗銷遺囑，或在遺囑上記明廢棄之意思者，其遺囑視為撤回。
第六節　特留分	
第 1223 條	繼承人之特留分，依左列各款之規定： 一、直系血親卑親屬之特留分，為其應繼分二分之一。 二、父母之特留分，為其應繼分二分之一。 三、配偶之特留分，為其應繼分二分之一。 四、兄弟姊妹之特留分，為其應繼分三分之一。 五、祖父母之特留分，為其應繼分三分之一。
第 1224 條	特留分，由依第一千一百七十三條算定之應繼財產中，除去債務額算定之。
第 1225 條	應得特留分之人，如因被繼承人所為之遺贈，致其應得之數不足者，得按其不足之數由遺贈財產扣減之。受遺贈人有數人時，應按其所得遺贈價額比例扣減。

附錄 2　遺囑範例

本人基於自由意志，於意識清楚下做成本遺囑，希望全體繼承人於本人離世後，能確實依本遺囑內容辦理，以全本人意願，至盼為禱。

立遺囑人：林 ○ 飛＿＿＿＿＿　（見、認、公）證人：＿＿＿＿＿

立囑日期：2022 年 8 月 25 日　見　證　人：＿＿＿＿＿＿

指定代筆人：＿＿＿＿＿＿　見　證　人：＿＿＿＿＿＿

> 本欄供自書遺囑增刪修改之用，修改時請註明增刪改之頁數與行數並另行簽名

一、一生感言

本人自小罹患小兒麻痺症，自幼飽受他人異樣眼光和嘲弄，小時候我被同學霸凌，不願去上學，是母親一直給我鼓勵與溫暖，她還去學校和欺負我的同學溝通，雖然她教育程度不高，但她的真心誠意，讓那些霸凌我的同學理解自己的行為是錯的，慢慢的我也不再討厭上學，她靠著在市場賣麵，含辛茹苦地養育我們幾個兄弟姊妹長大，而我也不辱母訓，堅持「大孝尊親，其次不辱，其下能養」的信念，奮發不懈，以榮耀母親為最大的人生目標，最後順利完成醫學院的學業，成為一名濟世救人的醫師，親戚朋友都說她好命，她很有面子，我也很高興，能讓父母為子女感到驕傲，就是一種最好的孝順，她教導我做人不能貪心，不論是貧窮富貴都沒有關係，做人最重要的就是要問心無愧，而這也是我一生的座右銘，一切世俗繁華都將過去，我的人生舞台也終將結束，家人朋友請不要為我憂傷掛念，我將和父母在天上再度快樂地團聚了！

二、愛的叮嚀

當你們看到份遺囑時，表示我已經不在這個世界上了，豐富我這一生最多的，就是我摯愛的太太小美，自從我們相戀後，一路上都是妳照顧我，因為有妳，讓我的人生的風景更加美麗，雖然現實生活總是平平淡淡，但幸福的滋味都是要自己在平凡中細細品嘗。我先走，是上天對我的垂憐，因為我沒有妳的堅強，我無法接受妳先離我而去，所以上天才會讓我先走，雖然我離開，妳一定也會悲傷難過，但是妳一定會走出來，我希望我走了之後，妳可以好好生活，如果妳願意，妳可以去接受新的感情，找個好人陪伴妳，我想孩子們也都可以接受，我在天上也會為妳高興。

一華、小翠，你們兩個小孩，是我一生的驕傲，我是一個不擅於表達自己情感的人，很多時候你們以為我不關心你們，但是你們的一切，爸爸都知道，我心裡關心，但就是開不了口，只能私下透過你們媽媽去了解和傳達，雖然有時候，你們對我的一些想法並沒有很認同，但我知道，你們心裡是愛我的，人的一生要學習的很多，你們讓爸爸學習到，愛要及時，愛也要勇於表達，我此生沒能學會這個課題，但希望最後能透過這份遺囑，讓你們知道爸爸對你們的愛，我在天上也會保佑你們，媽媽就拜託你們照顧了，她免疫系統最近有點異常現象，乾燥症的症狀越來越嚴重，你們要提醒她按時服藥，醫院那邊若有什麼事，可以找王主任，他會幫忙。

三、愛的遺贈

本人生前受到過很多人的幫助與鼓勵，我心中對他們是感謝的，雖然財物並非他們所貪慕，但還是容許我不免俗的用錢財來表達我的感謝，因此在我百年之後，希望遺贈財產如下：

1. 贈與現金一百萬元給陳美惠小姐（身分證字號 A233133457），感念她對本人長期的關懷與照顧。

2. 贈與現金三百萬元給本人二姊林小紅（身分證字號 H231471232），報答她從小對我的呵護與鼓勵，沒有二姊，或許我早已經不在世上了，二姊，謝謝您。

3. 贈與台北民生東路五段 100 號 1 樓的使用權給蔡佳能先生 (S121323454)，期限為自本人過世後的十年，蔡先生是 ○○ 公益基金會執行長，他是一個無私的人，我希望他能夠繼續為社會服務，這間房子蔡先生要自住或是出租都可以，希望對蔡先生能有些幫助，十年之後，再將房子依現狀還給我的繼承人即可，這十年期間的房屋稅以及地價稅，都由我的繼承人繳納。

四、公益捐贈

取之於社會，用之於社會，我所有的一切，都是社會給我的，所以本人百年後，希望將部分遺產回饋給社會，讓需要的人能夠得到幫助，因此本人擬公益捐贈財產與對象如下：

1. 捐贈現金一千萬給台大醫院社會工作室，讓他們用專業與愛心去幫助社會上有需要的人。
2. 捐贈台積電股票 50 張給中華民國 ○○ 公益基金會，希望對他們基金會財務狀況能夠有所幫助，期待他們未來能幫助更多弱勢家庭。

五、財產分配

本人百年之後，除上述遺贈公益捐贈的部分之外，其餘遺產分配如下：

1. 坐落台北市 ○○ 區 ○○ 路 ○ 段 ○ 號 ○ 樓之房屋暨其基地持份全部，指定分割由林一華單獨繼承。
2. 坐落桃園市 ○○ 區 ○○ 路 ○ 段 ○ 號 ○ 樓之房屋暨其基地持份全部、台東縣鹿野鄉瑞景路 ○ 號之透天房屋，指定分割由林翠單獨繼承。
3. 本人名下之所有現金（含海內外銀行存款與定存），扣除前述捐贈的部分外，其餘均由本人配偶王小美繼承。
4. 本人 BMW 汽車（車號 BGE-7907）一輛，處分後價金由本人三位繼承人均分。

六、遺囑信託

1.為彰顯發揚母親林張〇〇女士之善心，茲以本遺囑成立遺囑信託，信託財產為本人名下台積電股票三百張，並指定 〇〇 銀行信託部擔任受託人，由劉韋德律師擔任信託監察人，管理方法為利用每年台積電之股息股利，由受託銀行於東部縣市成立偏鄉清寒公益獎學金，獎助對象為清寒與身障學生，幫助他們在金錢物質上能稍不致匱乏，更啟其向善之心，每位受獎人皆要啟其回饋社會之信念，讓善念善行永續流傳。

七、指定保險受益人

本人投保 〇〇 人壽保險股份有限公司之新希望壽險契約，保單號碼為 AC142536，茲以本遺囑指定王小美為該保單之受益人。

八、喪葬安排

我的後事要以佛教儀式辦理，火葬，不要辦公祭，家祭也簡單即可，火化之後，把我的骨灰放在我母親的塔位旁，我要和媽媽永遠在一起，喪葬事宜請和 〇〇 公司李小姐聯繫，生前契約我都已安排好，費用也都已經預付了。

九、器官捐贈

人體本就是一具皮囊，我過世後，靈魂已離開這個皮囊，也用不到了，所以若能用我的遺體，幫助別人好好活下去，我會很高興，所以請將我的心臟、肺臟、腎臟、眼角膜都捐出去，並請在我離世後盡速和財團法人器官捐贈移植登錄中心 (0800-888-067) 或中華民國器官捐贈協會 (0800-091-066) 聯繫。

十、遺囑執行

本人指定劉韋德律師為本遺囑之執行人，執行酬勞為新台幣三萬元，全體繼承人須依執行人指示配合辦理。
以下空白

附錄 3　空白遺囑

下頁附錄為遺囑的空白範本，有需要的讀者可自行列印或者剪下謄寫。

若需要電子檔案可掃下方 QR CODE，亦可自行列印謄寫。

遺囑
WILL
&
LOVE

本人基於自由意志，於意識清楚下做成本遺囑，希望全體繼承人於本人離世後，能確實依本遺囑內容辦理，以全本人意願，至盼為禱。

立遺囑人：＿＿＿＿＿＿＿＿＿　　（見、認、公）證人：＿＿＿＿＿

立囑日期：＿＿＿＿＿＿＿＿＿　　見 證 人：＿＿＿＿＿＿＿＿

指定代筆人：＿＿＿＿＿＿＿＿　　見 證 人：＿＿＿＿＿＿＿＿

高寶書版集團
gobooks.com.tw

新視野 New Window 250
人生最重要的使用說明書：預立遺囑
專業律師教你遺囑表達、訂立、保管、財產繼承等關鍵問題

作　　者	劉韋德
責任編輯	吳珮旻
封面設計	林政嘉
內頁排版	賴姵均
企　　劃	何嘉雯
版　　權	張莎凌

發 行 人	朱凱蕾
出　　版	英屬維京群島商高寶國際有限公司台灣分公司 Global Group Holdings, Ltd.
地　　址	台北市內湖區洲子街 88 號 3 樓
網　　址	gobooks.com.tw
電　　話	(02) 27992788
電　　郵	readers@gobooks.com.tw（讀者服務部）
傳　　真	出版部　(02) 27990909　行銷部 (02) 27993088
郵政劃撥	19394552
戶　　名	英屬維京群島商高寶國際有限公司台灣分公司
發　　行	英屬維京群島商高寶國際有限公司台灣分公司
初版日期	2022 年 11 月

國家圖書館出版品預行編目（CIP）資料

人生最重要的使用說明書：預立遺囑：專業律師教你遺囑
表達 訂立 保管 財產繼承等關鍵問題 / 劉韋德著 . -- 初版 .
-- 臺北市：英屬維京群島商高寶國際有限公司臺灣分公司，
2022.11

　　面；　公分 . -- (新視野 250)

ISBN 978-986-506-539-3（平裝）

1.CST: 遺囑 2.CST: 遺產 3.CST: 財產繼承

584.5　　　　　　　　　　　　　　111015417